Un

Nuestro problema–la separación

Dios nos creó a su propia imagen y nos dio vida abundante. Dios nos dio voluntad y libertad de elección.

Nosotros elegimos desobedecer a Dios y seguir nuestro propio camino. Todavía hoy hacemos esta misma elección. Esto resulta en la separación de Dios.

"por cuanto todos han pecado y no logran alcanzar la gloria de Dios" (Romanos 3:23).

Tratamos de superar nuestra separación de Dios de muchas maneras:

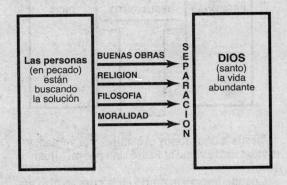

No hay más que una solución a nuestro problema:

El plan de Dios—la salvación

"Respondió Jesús y le dijo: En verdad, en verdad te digo que el que no nace de nuevo no puede ver el reino de Dios" (Juan 3:3).

"Porque de tal manera amó Dios al mundo, que dio a su Hijo unigénito, para que todo aquel que cree en El, no se pierda, mas tenga vida eterna" (Juan 3:16).

"El ladrón sólo viene para robar y matar y destruir; yo he venido para que tengan vida, y para que la tengan en abundancia" (Juan 10:10).

"El que cree en el Hijo tiene vida eterna; pero el que no obedece al Hijo no verá la vida, sino que la ira de Dios permanece sobre él" (Juan 3:36).

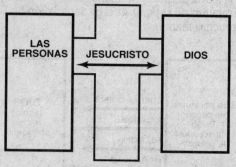

"Jesús le dijo: Yo soy el camino, y la verdad, y la vida; nadie viene al Padre sino por mí" (Juan 14:6).

Cuando Jesucristo murió en la cruz, lo hizo en substitución por nuestros pecados y superó el obstáculo de la separación entre Dios y el hombre.

Jesucristo vive hoy

"… Cristo murió por nuestros pecados […] fue
sepultado […] resucitó al tercer día, conforme a las
Escrituras […] se apareció a Cefas y después a los
doce; luego se apareció a más de quinientos […] se
apareció a Jacobo, luego a todos los apóstoles […]
se me apareció también a mí" (1 Corintios 15:3-8).

Para recibir el plan de Dios

1. Admite tu problema: estar separado de Dios a
causa del pecado. Reconoce que has pecado, que
necesitas la solución de Dios y arrepiéntete.

2. Cree que Jesucristo murió en la cruz por tus
pecados, fue sepultado y resucitó de la muerte.

3. Pídele a Jesucristo que entre en tu corazón y Él
te dará la salvación y guiará tu vida.

4. Recibe ahora a Jesucristo en tu corazón como tu
Señor, Dios y Salvador personal de tu vida.

En Romanos 10:9 y 13 la Biblia nos dice: "que si
confiesas con tu boca a Jesús *por* Señor, y crees en
tu corazón que Dios le resucitó de entre los muertos, serás salvo; […]TODO AQUEL QUE INVOQUE EL NOMBRE
DEL SEÑOR SERA SALVO".

Un modelo de oración para recibir a Jesucristo

Señor Jesús:

Sé que he pecado contra ti y que no vivo dentro de tu plan. Por esto me arrepiento y te pido perdón. Creo que tú moriste por mí y resucitaste, y al hacerlo, pagaste el castigo por mi pecado. Deseo alejarme del pecado, cambia mi vida y entra en mi corazón como mi Señor, Dios y Salvador personal y dame vida eterna. Envía tu Espíritu Santo y ayúdame ahora a seguirte, obedecerte y a descubrir tu perfecta voluntad para mi vida. Amen.

Mi decisión personal:

En el día _____ de _____ del año

_____, yo,

_____, reclamé las promesas de Dios y acepté a Jesucristo como mi Señor, Dios y Salvador personal y nací de nuevo.

Tú tienes vida eterna

Cuando tú invocaste al Señor, Él escuchó. Todos tus pecados han sido perdonados (Colosenses 1:14), ahora tú eres un hijo de Dios (Juan 1:12), naciste de nuevo (Juan 3:3), no serás juzgado (Juan 5:24), tienes vida eterna (Juan 3:16) y recibiste el poder de Dios (Hechos 1:8 y 1 Corintios 1:18).

No estés preocupado por lo que sientes, porque tus sentimientos pueden cambiar de vez en cuando bajo la presión de la vida diaria. Pon tu confianza en tu Padre Celestial. "echando toda vuestra ansiedad sobre El, porque El tiene cuidado de vosotros" (1 Pedro 5:7). "Si confesamos nuestros pecados, El es fiel y justo para perdonarnos los pecados y para limpiarnos de toda maldad" (1 Juan 1:9).

Su promesa cumplida

"El que tiene al Hijo tiene la vida, y el que no tiene al Hijo de Dios, no tiene la vida. Estas cosas os he escrito a vosotros que creéis en el nombre del Hijo de Dios, para que sepáis que tenéis vida eterna" (1 Juan 5:12, 13).

"Pero el Consolador, el Espíritu Santo, a quien el Padre enviará en mi nombre, El os enseñará todas las cosas, y os recordará todo lo que os he dicho" (Juan 14:26).

¿Qué debo hacer ahora?

Ora y lee la Biblia todos los días comenzando con este Evangelio de San Juan para estar en comunión con el Señor Jesús y El Espíritu Santo. Asiste a una iglesia cristiana que predique y enseñe la Palabra de Dios. Únete a un estudio Bíblico con un grupo de hermanos cristianos y permanece en el compañerismo con otros creyentes, para apoyarse y fortalecerse unos a otros. Comparte a Jesucristo con otros y testifica lo que Él ha hecho en tu vida.

Evangelio de Juan «El Plan de la Vida»
Publicado por Editorial Vida - 2017
Nashville, Tennessee
Usado con permiso

La Biblia de las Américas
Copyright © 1986, 1995, 1997 por
The Lockman Foundation,
La Habra, CA
http://www.LBLA.com
Todos los derechos reservados

Por cuanto las Sagradas Escrituras, la palabra eterna de Dios, hablan con renovado poder a cada generación para darnos la sabiduría que lleva a la salvación y para que con nuestra vida demos alabanza para la gloria de Cristo, ha sido el firme propósito del Comité Editorial el de presentar las Sagradas Escrituras en un lenguaje claro y moderno, ceñirse a los textos de los idiomas originales y valerse de los documentos recientemente descubiertos.

Bastardillas se usan para indicar palabras que no están en el texto griego, pero que están implícitas.

Mayúsculas se usan en palabras o frases para indicar citas del Antiguo Testamento.

Una **estrella** (*) se pone en los verbos que en griego indican el presente histórico, pero que se han traducido en tiempo pasado de acuerdo con el contexto.

Impreso en Estados Unidos

3 4 5 6 7 8 9 LSC 22 21 20

La Biblia
de las Américas

El Evangelio
de Jesucristo
según San Juan

El Evangelio de Jesucristo Según
SAN JUAN

¿Quién era Cristo? ¿Desde cuándo existía El? ¿Qué había hecho?

1 En el principio existía el Verbo, y el Verbo estaba con Dios, y el Verbo era Dios.

2 El estaba en el principio con Dios.

3 Todas las cosas fueron hechas por medio de El, y sin El nada de lo que ha sido hecho, fue hecho.

4 En El estaba la vida, y la vida era la luz de los hombres.

5 Y la luz brilla en las tinieblas, y las tinieblas no la comprendieron.

¿Cómo puede una persona conocer a Cristo?

6 Vino *al mundo* un hombre enviado por Dios, cuyo nombre era Juan.

7 Este vino como testigo, para testificar de la luz, a fin de que todos creyeran por medio de él.

8 No era él la luz, sino *que vino* para dar testimonio de la luz.

9 Existía la luz verdadera que, al venir al mundo, alumbra a todo hombre.

10 En el mundo estaba, y el mundo fue hecho por medio de El, y el mundo no le conoció.

11 A lo suyo vino, y los suyos no le recibieron.

12 Pero a todos los que le recibieron, les dio el derecho de llegar a ser hijos de Dios, *es decir,* a los que creen en su nombre,

13 que no nacieron de sangre, ni de la voluntad de la carne, ni de la voluntad del hombre, sino de Dios.

14 Y el Verbo se hizo carne, y habitó entre nosotros, y vimos su gloria, gloria como del unigénito del Padre, lleno de gracia y de verdad.

15 Juan dio* testimonio de El y clamó, diciendo: Este era del que yo decía: "El que viene después de mí, es antes de mí, porque era primero que yo."

16 Pues de su plenitud todos hemos recibido, y gracia sobre gracia.

17 Porque la ley fue dada por medio de Moisés; la gracia y la verdad fueron hechas realidad por medio de Jesucristo.

18 Nadie ha visto jamás a Dios; el unigénito Dios, que está en el seno del Padre, El *le* ha dado a conocer.

19 Este es el testimonio de Juan, cuando los judíos enviaron sacerdotes y levitas de Jerusalén a preguntarle: ¿Quién eres tú?

20 Y él confesó y no negó; confesó: Yo no soy el Cristo.

21 Y le preguntaron: ¿Entonces, qué? ¿Eres Elías? Y él dijo*: No soy. ¿Eres el profeta? Y respondió: No.

22 Entonces le dijeron: ¿Quién eres?, para

que podamos dar respuesta a los que nos enviaron. ¿Qué dices de ti mismo?

23 El dijo: Yo soy LA VOZ DEL QUE CLAMA EN EL DESIERTO: "ENDEREZAD EL CAMINO DEL SEÑOR", como dijo el profeta Isaías.

24 Los que habían sido enviados eran de los fariseos.

25 Y le preguntaron, y le dijeron: Entonces, ¿por qué bautizas, si tú no eres el Cristo, ni Elías, ni el profeta?

26 Juan les respondió, diciendo: Yo bautizo en agua, *pero* entre vosotros está Uno a quien no conocéis.

27 *El es* el que viene después de mí, a quien yo no soy digno de desatar la correa de su sandalia.

28 Estas cosas sucedieron en Betania, al otro lado del Jordán, donde Juan estaba bautizando.

29 Al día siguiente vio* a Jesús que venía hacia él, y dijo*: He ahí el Cordero de Dios que quita el pecado del mundo.

30 Este es aquel de quien yo dije: "Después de mí viene un hombre que es antes de mí porque era primero que yo."

31 Y yo no le conocía, pero para que El fuera manifestado a Israel, por esto yo vine bautizando en agua.

32 Juan dio también testimonio, diciendo: He visto al Espíritu que descendía del cielo como paloma, y se posó sobre El.

¿Cómo supo Juan que Jesús era el Cristo?

33 Y yo no le conocía, pero el que me envió a bautizar en agua me dijo: "Aquel sobre quien veas al Espíritu descender y posarse sobre El, éste es el que bautiza en el Espíritu Santo."

34 Y yo *le* he visto y he dado testimonio de que éste es el Hijo de Dios.

¿Cómo llamó Jesús a los discípulos?

35 Al día siguiente Juan estaba otra vez allí con dos de sus discípulos,

36 y vio a Jesús que pasaba, y dijo*: He ahí el Cordero de Dios.

37 Y los dos discípulos le oyeron hablar, y siguieron a Jesús.

38 Jesús se volvió, y viendo que le seguían, les dijo*: ¿Qué buscáis? Y ellos le dijeron: Rabí (que traducido quiere decir, Maestro), ¿dónde te hospedas?

39 El les dijo*: Venid y veréis. Entonces fueron y vieron dónde se hospedaba; y se quedaron con El aquel día, porque era como la hora décima.

40 Uno de los dos que oyeron a Juan y siguieron *a Jesús* era Andrés, hermano de Simón Pedro.

41 El encontró* primero a su hermano Simón, y le dijo*: Hemos hallado al Mesías (que traducido quiere decir, Cristo).

42 *Entonces* lo trajo a Jesús. Jesús mirándolo, dijo: Tú eres Simón, hijo de

Juan; tú serás llamado Cefas (que quiere decir: Pedro).

43 Al día siguiente Jesús se propuso salir para Galilea, y encontró* a Felipe, y le dijo*: Sígueme.

44 Felipe era de Betsaida, de la ciudad de Andrés y de Pedro.

45 Felipe encontró* a Natanael y le dijo*: Hemos hallado a aquel de quien escribió Moisés en la ley, y *también* los profetas, a Jesús de Nazaret, el hijo de José.

46 Y Natanael le dijo: ¿Puede algo bueno salir de Nazaret? Felipe le dijo*: Ven, y ve.

47 Jesús vio venir a Natanael y dijo* de él: He aquí un verdadero israelita en quien no hay engaño.

48 Natanael le dijo*: ¿Cómo es que me conoces? Jesús le respondió y le dijo: Antes de que Felipe te llamara, cuando estabas debajo de la higuera, te vi.

49 Natanael le respondió: Rabí, tú eres el Hijo de Dios, tú eres el Rey de Israel.

50 Respondió Jesús y le dijo: ¿Porque te dije que te vi debajo de la higuera, crees? Cosas mayores que éstas verás.

51 Y le dijo*: En verdad, en verdad os digo que veréis el cielo abierto y a los ángeles de Dios subiendo y bajando sobre el Hijo del Hombre.

Milagro en la boda
de Caná de Galilea

2 Al tercer día se celebró una boda en Caná de Galilea, y estaba allí la madre de Jesús;

2 y también Jesús fue invitado, con sus discípulos, a la boda.

3 Cuando se acabó el vino, la madre de Jesús le dijo*: No tienen vino.

4 Y Jesús le dijo*: Mujer, ¿qué *nos va* a ti y a mí *en esto*? Todavía no ha llegado mi hora.

5 Su madre dijo* a los que servían: Haced todo lo que El os diga.

6 Y había allí seis tinajas de piedra, puestas para ser usadas en el rito de la purificación de los judíos; en cada una cabían dos o tres cántaros.

7 Jesús les dijo*: Llenad de agua las tinajas. Y las llenaron hasta el borde.

8 Entonces les dijo*: Sacad ahora *un poco* y llevadlo al maestresala. Y *se* lo llevaron.

9 Cuando el maestresala probó el agua convertida en vino, y *como* no sabía de dónde era (pero los que servían, que habían sacado el agua, lo sabían), el maestresala llamó* al novio,

10 y le dijo*: Todo hombre sirve primero el vino bueno, y cuando ya han tomado bastante, *entonces* el inferior; *pero* tú has guardado hasta ahora el vino bueno.

11 Este principio de *sus* señales hizo Jesús en Caná de Galilea, y manifestó su gloria, y sus discípulos creyeron en El.

12 Después de esto bajó a Capernaúm, El, con su madre, *sus* hermanos y sus discípulos; pero allí no se quedaron muchos días.

La casa de Dios debe ser tratada como tal

13 La Pascua de los judíos estaba cerca, y Jesús subió a Jerusalén,

14 y encontró en el templo a los que vendían bueyes, ovejas y palomas, y a los que cambiaban dinero *allí* sentados.

15 Y haciendo un azote de cuerdas, echó a todos fuera del templo, con las ovejas y los bueyes; desparramó las monedas de los cambistas y volcó las mesas;

16 y dijo a los que vendían palomas: Quitad esto de aquí; no hagáis de la casa de mi Padre una casa de comercio.

17 Sus discípulos se acordaron de que estaba escrito: EL CELO POR TU CASA ME CONSUMIRA.

Jesús predice su resurrección

18 Entonces los judíos respondieron y le dijeron: Ya que haces estas cosas, ¿qué señal nos muestras?

19 Jesús respondió y les dijo: Destruid este templo, y en tres días lo levantaré.

20 Entonces los judíos dijeron: En cuarenta

y seis años fue edificado este templo, ¿y tú lo levantarás en tres días?

21 Pero El hablaba del templo de su cuerpo.

22 Por eso, cuando resucitó de los muertos, sus discípulos se acordaron de que había dicho esto; y creyeron en la Escritura y en la palabra que Jesús había hablado.

23 Cuando estaba en Jerusalén durante la fiesta de la Pascua, muchos creyeron en su nombre al ver las señales que hacía.

24 Pero Jesús, por su parte, no se confiaba a ellos, porque conocía a todos,

25 y no tenía necesidad de que nadie le diera testimonio del hombre, pues El sabía lo que había en el hombre.

Jesús dice que aun la persona moral y buena tiene que nacer de nuevo

3 Había un hombre de los fariseos, llamado Nicodemo, prominente entre los judíos.

2 Este vino a Jesús de noche y le dijo: Rabí, sabemos que has venido de Dios *como* maestro, porque nadie puede hacer las señales que tú haces si Dios no está con él.

3 Respondió Jesús y le dijo: En verdad, en verdad te digo que el que no nace de nuevo no puede ver el reino de Dios.

4 Nicodemo le dijo*: ¿Cómo puede un hombre nacer siendo *ya* viejo? ¿Acaso puede entrar por segunda vez en el vientre de su madre y nacer?

5 Jesús respondió: En verdad, en verdad te

digo que el que no nace de agua y del Espíritu no puede entrar en el reino de Dios.

6 Lo que es nacido de la carne, carne es, y lo que es nacido del Espíritu, espíritu es.

7 No te asombres de que te haya dicho: "Os es necesario nacer de nuevo."

8 El viento sopla donde quiere, y oyes su sonido, pero no sabes de dónde viene ni adónde va; así es todo aquel que es nacido del Espíritu.

9 Respondió Nicodemo y le dijo: ¿Cómo puede ser esto?

10 Jesús respondió y le dijo: Tú eres maestro de Israel, ¿y no entiendes estas cosas?

11 En verdad, en verdad te digo que hablamos lo que sabemos y damos testimonio de lo que hemos visto, pero vosotros no recibís nuestro testimonio.

12 Si os he hablado de las cosas terrenales, y no creéis, ¿cómo creeréis si os hablo de las celestiales?

13 Nadie ha subido al cielo, sino el que bajó del cielo, *es decir,* el Hijo del Hombre que está en el cielo.

Fe en Cristo es el único medio para obtener el nuevo nacimiento

14 Y como Moisés levantó la serpiente en el desierto, así es necesario que sea levantado el Hijo del Hombre,

15 para que todo aquel que cree, tenga en El vida eterna.

16 Porque de tal manera amó Dios al

mundo, que dio a su Hijo unigénito, para que todo aquel que cree en El, no se pierda, mas tenga vida eterna.

17 Porque Dios no envió a su Hijo al mundo para juzgar al mundo, sino para que el mundo sea salvo por El.

18 El que cree en El no es condenado; *pero* el que no cree, ya ha sido condenado, porque no ha creído en el nombre del unigénito Hijo de Dios.

19 Y este es el juicio: que la luz vino al mundo, y los hombres amaron más las tinieblas que la luz, pues sus acciones eran malas.

20 Porque todo el que hace lo malo odia la luz, y no viene a la luz para que sus acciones no sean expuestas.

21 Pero el que practica la verdad viene a la luz, para que sus acciones sean manifestadas que han sido hechas en Dios.

Ultimo testimonio de Juan sobre la deidad de Jesús

22 Después de esto vino Jesús con sus discípulos a la tierra de Judea, y estaba allí con ellos, y bautizaba.

23 Juan también bautizaba en Enón, cerca de Salim, porque allí había mucha agua; y *muchos* venían y eran bautizados.

24 Porque Juan todavía no había sido metido en la cárcel.

25 Surgió entonces una discusión entre los

discípulos de Juan y un judío acerca de la purificación.

26 Y vinieron a Juan y le dijeron: Rabí, mira, el que estaba contigo al otro lado del Jordán, de quien diste testimonio, está bautizando y todos van a El.

27 Respondió Juan y dijo: Un hombre no puede recibir nada si no le es dado del cielo.

28 Vosotros mismos me sois testigos de que dije: "Yo no soy el Cristo, sino que he sido enviado delante de El."

29 El que tiene la novia es el novio, pero el amigo del novio, que está *allí* y le oye, se alegra en gran manera con la voz del novio. *Y* por eso, este gozo mío se ha completado.

30 Es necesario que El crezca, y que yo disminuya.

31 El que procede de arriba está por encima de todos; el que es de la tierra, procede de la tierra y habla de la tierra. El que procede del cielo está sobre todos.

32 Lo que El ha visto y oído, de eso da testimonio; y nadie recibe su testimonio.

33 El que ha recibido su testimonio ha certificado *esto:* que Dios es veraz.

34 Porque aquel a quien Dios ha enviado habla las palabras de Dios, pues El da el Espíritu sin medida.

35 El Padre ama al Hijo y ha entregado todas las cosas en su mano.

36 El que cree en el Hijo tiene vida eterna; pero el que no obedece al Hijo no verá la

vida, sino que la ira de Dios permanece sobre él.

Jesús se da a conocer a una pecadora

4 Por tanto, cuando el Señor supo que los fariseos habían oído que Él hacía y bautizaba más discípulos que Juan

2 (aunque Jesús mismo no bautizaba, sino sus discípulos),

3 salió de Judea y partió otra vez para Galilea.

4 Y tenía que pasar por Samaria.

5 Llegó*, pues, a una ciudad de Samaria llamada Sicar, cerca de la parcela de tierra que Jacob dio a su hijo José;

6 y allí estaba el pozo de Jacob. Entonces Jesús, cansado del camino, se sentó junto al pozo. Era como la hora sexta.

7 Una mujer de Samaria vino* a sacar agua, y Jesús le dijo*: Dame de beber.

8 Pues sus discípulos habían ido a la ciudad a comprar alimentos.

9 Entonces la mujer samaritana le dijo*: ¿Cómo es que tú, siendo judío, me pides de beber a mí, que soy samaritana? (Porque los judíos no tienen tratos con los samaritanos.)

10 Respondió Jesús y le dijo: Si tú conocieras el don de Dios, y quién es el que te dice: "Dame de beber", tú le habrías pedido a El, y El te hubiera dado agua viva.

11 Ella le dijo*: Señor, no tienes con qué sacarla, y el pozo es hondo; ¿de dónde, pues, tienes esa agua viva?

12 ¿Acaso eres tú mayor que nuestro padre Jacob, que nos dio el pozo del cual bebió él mismo, y sus hijos, y sus ganados?

13 Respondió Jesús y le dijo: Todo el que beba de esta agua volverá a tener sed,

14 pero el que beba del agua que yo le daré, no tendrá sed jamás, sino que el agua que yo le daré se convertirá en él en una fuente de agua que brota para vida eterna.

15 La mujer le dijo*: Señor, dame esa agua, para que no tenga sed ni venga hasta aquí a sacar*la*.

16 El le dijo*: Ve, llama a tu marido y ven acá.

17 Respondió la mujer y le dijo: No tengo marido. Jesús le dijo*: Bien has dicho: "No tengo marido",

18 porque cinco maridos has tenido, y el que ahora tienes no es tu marido; en eso has dicho la verdad.

19 La mujer le dijo*: Señor, me parece que tú eres profeta.

20 Nuestros padres adoraron en este monte, y vosotros decís que en Jerusalén está el lugar donde se debe adorar.

21 Jesús le dijo*: Mujer, créeme; la hora viene cuando ni en este monte ni en Jerusalén adoraréis al Padre.

22 Vosotros adoráis lo que no conocéis; nosotros adoramos lo que conocemos, porque la salvación viene de los judíos.

23 Pero la hora viene, y ahora es, cuando los verdaderos adoradores adorarán al Padre

en espíritu y en verdad; porque ciertamente
a los tales el Padre busca que le adoren.
24 Dios es espíritu, y los que le adoran
deben adorarle en espíritu y en verdad.

Jesús manifiesta ser el Mesías

25 La mujer le dijo*: Sé que el Mesías viene
(el que es llamado Cristo); cuando El venga
nos declarará todo.
26 Jesús le dijo*: Yo soy, el que habla
contigo.
27 En esto llegaron sus discípulos y se
admiraron de que hablara con una mujer,
pero ninguno le preguntó: ¿Qué tratas de
averiguar? o: ¿Por qué hablas con ella?
28 Entonces la mujer dejó su cántaro, fue a
la ciudad y dijo* a los hombres:
29 Venid, ved a un hombre que me ha dicho
todo lo que yo he hecho. ¿No será éste el
Cristo?
30 Y salieron de la ciudad e iban a El.
31 Mientras tanto, los discípulos le
rogaban, diciendo: Rabí, come.
32 Pero El les dijo: Yo tengo para comer
una comida que vosotros no sabéis.
33 Los discípulos entonces se decían entre
sí: ¿Le habrá traído alguien de comer?
34 Jesús les dijo*: Mi comida es hacer la
voluntad del que me envió y llevar a cabo su
obra.
35 ¿No decís vosotros: "Todavía faltan
cuatro meses, y después viene la siega"? He
aquí, yo os digo: Alzad vuestros ojos y ved

los campos que *ya* están blancos para la siega.

36 Ya el segador recibe salario y recoge fruto para vida eterna, para que el que siembra se regocije juntamente con el que siega.

37 Porque en este *caso* el dicho es verdadero: "Uno es el que siembra y otro el que siega."

38 Yo os envié a segar lo que no habéis trabajado; otros han trabajado y vosotros habéis entrado en su labor.

Una pecadora salvada gana almas para Cristo

39 Y de aquella ciudad, muchos de los samaritanos creyeron en El por la palabra de la mujer que daba testimonio, *diciendo:* El me dijo todo lo que yo he hecho.

40 De modo que cuando los samaritanos vinieron a El, le rogaban que se quedara con ellos; y se quedó allí dos días.

41 Y muchos más creyeron por su palabra,

42 y decían a la mujer: Ya no creemos por lo que tú has dicho, porque nosotros mismos *le* hemos oído, y sabemos que éste es en verdad el Salvador del mundo.

43 Después de los dos días, salió de allí para Galilea.

44 Porque Jesús mismo dio testimonio de que a un profeta no se le honra en su propia tierra.

45 Así que cuando llegó a Galilea, los

galileos le recibieron, *pues* habían visto todo lo que hizo en Jerusalén durante la fiesta; porque ellos también habían ido a la fiesta.

Un padre pide la sanidad de su hijo

46 Entonces vino otra vez a Caná de Galilea, donde había convertido el agua en vino. Y había *allí* cierto oficial del rey cuyo hijo estaba enfermo en Capernaúm.

47 Cuando él oyó que Jesús había venido de Judea a Galilea, fue a su encuentro y *le* suplicaba que bajara y sanara a su hijo, porque estaba al borde de la muerte.

48 Jesús entonces le dijo: Si no veis señales y prodigios, no creeréis.

49 El oficial del rey le dijo*: Señor, baja antes de que mi hijo muera.

50 Jesús le dijo*: Vete, tu hijo vive. Y el hombre creyó la palabra que Jesús le dijo y se fue.

51 Y mientras bajaba, *sus* siervos le salieron al encuentro y le dijeron que su hijo vivía.

52 Entonces les preguntó a qué hora había empezado a mejorar. Y le respondieron: Ayer a la hora séptima se le quitó la fiebre.

53 El padre entonces se dio cuenta que *fue* a la hora en que Jesús le dijo: Tu hijo vive. Y creyó él y toda su casa.

54 Esta *fue* la segunda señal que Jesús hizo cuando fue de Judea a Galilea.

Un paralítico es sanado instantáneamente

5 Después de esto, se celebraba una fiesta de los judíos, y Jesús subió a Jerusalén.

2 Y hay en Jerusalén, junto a la *puerta* de las ovejas, un estanque que en hebreo se llama Betesda y que tiene cinco pórticos.

3 En éstos yacía una multitud de enfermos, ciegos, cojos y paralíticos que esperaban el movimiento del agua;

4 porque un ángel del Señor descendía de vez en cuando al estanque y agitaba el agua; y el primero que descendía al estanque después del movimiento del agua, quedaba curado de cualquier enfermedad que tuviera.

5 Y estaba allí un hombre que hacía treinta y ocho años que estaba enfermo.

6 Cuando Jesús lo vio acostado *allí* y supo que ya llevaba mucho tiempo *en aquella condición,* le dijo*: ¿Quieres ser sano?

7 El enfermo le respondió: Señor, no tengo a nadie que me meta en el estanque cuando el agua es agitada; y mientras yo llego, otro baja antes que yo.

8 Jesús le dijo*: Levántate, toma tu camilla y anda.

9 Y al instante el hombre quedó sano, y tomó su camilla y echó a andar.

Y aquel día era día de reposo.

10 Por eso los judíos decían al que fue sanado: Es día de reposo, y no te es permitido cargar tu camilla.

11 Pero él les respondió: El mismo que me sanó, me dijo: "Toma tu camilla y anda."

12 Le preguntaron: ¿Quién es el hombre que te dijo: "Toma *tu camilla* y anda"?

13 Pero el que había sido sanado no sabía quién era, porque Jesús, sigilosamente, se había apartado de la multitud que estaba en *aquel* lugar.

14 Después de esto Jesús lo halló* en el templo y le dijo: Mira, has sido sanado; no peques más, para que no te suceda algo peor.

15 El hombre se fue, y dijo a los judíos que Jesús era el que lo había sanado.

16 A causa de esto los judíos perseguían a Jesús, porque hacía estas cosas en el día de reposo.

Unanimidad del Padre y del Hijo

17 Pero El les respondió: Hasta ahora mi Padre trabaja, y yo también trabajo.

18 Entonces, por esta causa, los judíos aún más procuraban matarle, porque no sólo violaba el día de reposo, sino que también llamaba a Dios su propio Padre, haciéndose igual a Dios.

19 Por eso Jesús, respondiendo, les decía: En verdad, en verdad os digo que el Hijo no puede hacer nada por su cuenta, sino lo que ve hacer al Padre; porque todo lo que hace el Padre, eso también hace el Hijo de igual manera.

20 Pues el Padre ama al Hijo, y le muestra

todo lo que El mismo hace; y obras mayores que éstas le mostrará, para que os adміréis.

21 Porque así como el Padre levanta a los muertos y les da vida, asimismo el Hijo también da vida a los que El quiere.

22 Porque ni aun el Padre juzga a nadie, sino que todo juicio se lo ha confiado al Hijo,

23 para que todos honren al Hijo así como honran al Padre. El que no honra al Hijo, no honra al Padre que le envió.

24 En verdad, en verdad os digo: el que oye mi palabra y cree al que me envió, tiene vida eterna y no viene a condenación, sino que ha pasado de muerte a vida.

25 En verdad, en verdad os digo que viene la hora, y ahora es, cuando los muertos oirán la voz del Hijo de Dios, y los que oigan vivirán.

26 Porque así como el Padre tiene vida en sí mismo, así también le dio al Hijo el tener vida en sí mismo;

27 y le dio autoridad para ejecutar juicio, porque es *el* Hijo del Hombre.

28 No os admiréis de esto, porque viene la hora en que todos los que están en los sepulcros oirán su voz,

29 y saldrán: los que hicieron lo bueno, a resurrección de vida, y los que practicaron lo malo, a resurrección de juicio.

30 Yo no puedo hacer nada por iniciativa mía; como oigo, juzgo, y mi juicio es justo porque no busco mi voluntad, sino la voluntad del que me envió.

Cuatro pruebas de que Jesús es el Cristo

31 Si yo *solo* doy testimonio de mí mismo, mi testimonio no es verdadero.

32 Otro es el que da testimonio de mí, y yo sé que el testimonio que da de mí es verdadero.

33 Vosotros habéis enviado *a preguntar* a Juan, y él ha dado testimonio de la verdad.

34 Pero el testimonio que yo recibo no es de hombre; mas digo esto para que vosotros seáis salvos.

35 El era la lámpara que ardía y alumbraba, y vosotros quisisteis regocijaros por un tiempo en su luz.

36 Pero el testimonio que yo tengo es mayor que *el de* Juan; porque las obras que el Padre me ha dado para llevar a cabo, las mismas obras que yo hago, dan testimonio de mí, de que el Padre me ha enviado.

37 Y el Padre que me envió, ése ha dado testimonio de mí. Pero no habéis oído jamás su voz ni habéis visto su apariencia.

38 Y su palabra no la tenéis morando en vosotros, porque no creéis en aquel que El envió.

39 Examináis las Escrituras porque vosotros pensáis que en ellas tenéis vida eterna; y ellas son las que dan testimonio de mí;

40 y no queréis venir a mí para que tengáis vida.

41 No recibo gloria de los hombres;

42 pero os conozco, que no tenéis el amor de Dios en vosotros.

43 Yo he venido en nombre de mi Padre y no me recibís; si otro viene en su propio nombre, a ése recibiréis.

44 ¿Cómo podéis creer, cuando recibís gloria los unos de los otros, y no buscáis la gloria que viene del Dios único?

45 No penséis que yo os acusaré delante del Padre; el que os acusa es Moisés, en quien vosotros habéis puesto vuestra esperanza.

46 Porque si creyerais a Moisés, me creeríais a mí, porque de mí escribió él.

47 Pero si no creéis sus escritos, ¿cómo creeréis mis palabras?

Cristo puede usar poderosamente lo poco que demos, aun de parte de un niño

6 Después de esto, Jesús se fue al otro lado del mar de Galilea, el de Tiberias.

2 Y le seguía una gran multitud, pues veían las señales que realizaba en los enfermos.

3 Jesús subió al monte y se sentó allí con sus discípulos.

4 Y estaba cerca la Pascua, la fiesta de los judíos.

5 Entonces Jesús, alzando los ojos y viendo que una gran multitud venía hacia El,

dijo* a Felipe: ¿Dónde compraremos pan para que coman éstos?

6 Pero decía esto para probarlo, porque El sabía lo que iba a hacer.

7 Felipe le respondió: Doscientos denarios de pan no les bastarán para que cada uno reciba un pedazo.

8 Uno de sus discípulos, Andrés, hermano de Simón Pedro, dijo* a Jesús:

9 Aquí hay un muchacho que tiene cinco panes de cebada y dos pescados; pero ¿qué es esto para tantos?

10 Jesús dijo: Haced que la gente se recueste. Y había mucha hierba en aquel lugar. Así que los hombres se recostaron, en número de unos cinco mil.

11 Entonces Jesús tomó los panes, y habiendo dado gracias, *los* repartió a *los* que estaban recostados; y lo mismo *hizo* con los pescados, *dándoles* todo lo que querían.

12 Cuando se saciaron, dijo* a sus discípulos: Recoged los pedazos que sobran, para que no se pierda nada.

13 *Los* recogieron, pues, y llenaron doce cestas con los pedazos de los cinco panes de cebada que sobraron a los que habían comido.

14 La gente entonces, al ver la señal que *Jesús* había hecho, decía: Verdaderamente este es el Profeta que había de venir al mundo.

Cristo, superior a las
fuerzas de la naturaleza

15 Por lo que Jesús, dándose cuenta de que iban a venir y llevárselo por la fuerza para hacerle rey, se retiró otra vez al monte El solo.

16 Al atardecer, sus discípulos descendieron al mar,

17 y subiendo en una barca, se dirigían al otro lado del mar, hacia Capernaúm. Ya había oscurecido, y Jesús todavía no había venido a ellos;

18 y el mar estaba agitado porque soplaba un fuerte viento.

19 Cuando habían remado unos veinticinco o treinta estadios, vieron* a Jesús caminando sobre el mar y acercándose a la barca; y se asustaron.

20 Pero El les dijo*: Soy yo; no temáis.

21 Entonces ellos querían recibirle en la barca, e inmediatamente la barca llegó a la tierra adonde iban.

Cristo es más importante
que el alimento material

22 Al día siguiente, la multitud que había quedado al otro lado del mar se dio cuenta de que allí no había más que una barca, y que Jesús no había entrado en ella con sus discípulos, sino que sus discípulos se habían ido solos.

23 Vinieron otras barcas de Tiberias cerca

del lugar donde habían comido el pan después de que el Señor había dado gracias.

24 Por tanto, cuando la gente vio que Jesús no estaba allí, ni tampoco sus discípulos, subieron a las barcas y se fueron a Capernaúm buscando a Jesús.

25 Cuando le hallaron al otro lado del mar, le dijeron: Rabí, ¿cuándo llegaste acá?

26 Jesús les respondió y dijo: En verdad, en verdad os digo: me buscáis, no porque hayáis visto señales, sino porque habéis comido de los panes y os habéis saciado.

27 Trabajad, no por el alimento que perece, sino por el alimento que permanece para vida eterna, el cual el Hijo del Hombre os dará, porque a éste *es a quien* el Padre, Dios, ha marcado con su sello.

28 Entonces le dijeron: ¿Qué debemos hacer para poner en práctica las obras de Dios?

29 Respondió Jesús y les dijo: Esta es la obra de Dios: que creáis en el que El ha enviado.

30 Le dijeron entonces: ¿Qué, pues, haces tú como señal para que veamos y te creamos? ¿Qué obra haces?

31 Nuestros padres comieron el maná en el desierto, como está escrito: "LES DIO A COMER PAN DEL CIELO."

32 Entonces Jesús les dijo: En verdad, en verdad os digo: no es Moisés el que os ha dado el pan del cielo, sino que es mi Padre el que os da el verdadero pan del cielo.

33 Porque el pan de Dios es el que baja del cielo, y da vida al mundo.

34 Entonces le dijeron: Señor, danos siempre este pan.

Cristo es el alimento
que satisface el alma

35 Jesús les dijo: Yo soy el pan de la vida; el que viene a mí no tendrá hambre, y el que cree en mí nunca tendrá sed.

36 Pero *ya* os dije que aunque me habéis visto, no creéis.

37 Todo lo que el Padre me da, vendrá a mí; y al que viene a mí, de ningún modo lo echaré fuera.

38 Porque he descendido del cielo, no para hacer mi voluntad, sino la voluntad del que me envió.

39 Y esta es la voluntad del que me envió: que de todo lo que El me ha dado yo no pierda nada, sino que lo resucite en el día final.

40 Porque esta es la voluntad de mi Padre: que todo aquel que ve al Hijo y cree en El, tenga vida eterna, y yo mismo lo resucitaré en el día final.

41 Por eso los judíos murmuraban de El, porque había dicho: Yo soy el pan que descendió del cielo.

42 Y decían: ¿No es éste Jesús, el hijo de José, cuyo padre y madre nosotros conocemos? ¿Cómo es que ahora dice: "Yo he descendido del cielo"?

43 Respondió Jesús y les dijo: No murmuréis entre vosotros.

44 Nadie puede venir a mí si no lo trae el Padre que me envió, y yo lo resucitaré en el día final.

45 Escrito está en los profetas: "Y TODOS SERAN ENSEÑADOS POR DIOS." Todo el que ha oído y aprendido del Padre, viene a mí.

46 No es que alguien haya visto al Padre; sino aquel que viene de Dios, éste ha visto al Padre.

47 En verdad, en verdad os digo: el que cree, tiene vida eterna.

48 Yo soy el pan de la vida.

49 Vuestros padres comieron el maná en el desierto, y murieron.

50 Este es el pan que desciende del cielo, para que el que coma de él, no muera.

51 Yo soy el pan vivo que descendió del cielo; si alguno come de este pan, vivirá para siempre; y el pan que yo también daré por la vida del mundo es mi carne.

52 Los judíos entonces contendían entre sí, diciendo: ¿Cómo puede éste darnos a comer *su* carne?

53 Entonces Jesús les dijo: En verdad, en verdad os digo: si no coméis la carne del Hijo del Hombre y bebéis su sangre, no tenéis vida en vosotros.

54 El que come mi carne y bebe mi sangre, tiene vida eterna, y yo lo resucitaré en el día final.

55 Porque mi carne es verdadera comida, y mi sangre es verdadera bebida.

56 El que come mi carne y bebe mi sangre, permanece en mí y yo en él.

57 Como el Padre que vive me envió, y yo vivo por el Padre, asimismo el que me come, él también vivirá por mí.

58 Este es el pan que descendió del cielo; no como *el que* vuestros padres comieron, y murieron; el que come este pan vivirá para siempre.

59 Esto dijo *Jesús* en la sinagoga, cuando enseñaba en Capernaúm.

Muchos seguidores de Jesús escandalizados; sus discípulos le siguen

60 Por eso muchos de sus discípulos, cuando oyeron *esto,* dijeron: Dura es esta declaración; ¿quién puede escucharla?

61 Pero Jesús, sabiendo en su interior que sus discípulos murmuraban por esto, les dijo: ¿Esto os escandaliza?

62 ¿Pues *qué* si vierais al Hijo del Hombre ascender adonde antes estaba?

63 El Espíritu es el que da vida; la carne para nada aprovecha; las palabras que yo os he hablado son espíritu y son vida.

64 Pero hay algunos de vosotros que no creéis. Porque Jesús sabía desde el principio quiénes eran los que no creían, y quién era el que le iba a traicionar.

65 Y decía: Por eso os he dicho que nadie

puede venir a mí si no se lo ha concedido el Padre.

66 Como resultado de esto muchos de sus discípulos se apartaron y ya no andaban con El.

67 Entonces Jesús dijo a los doce: ¿Acaso queréis vosotros iros también?

68 Simón Pedro le respondió: Señor, ¿a quién iremos? Tú tienes palabras de vida eterna.

69 Y nosotros hemos creído y conocido que tú eres el Santo de Dios.

70 Jesús les respondió: ¿No os escogí yo a vosotros, los doce, y *sin embargo* uno de vosotros es un diablo?

71 Y El se refería a Judas, *hijo* de Simón Iscariote, porque éste, uno de los doce, le iba a entregar.

Sus propios hermanos no creían en El

7 Después de esto, Jesús andaba por Galilea, pues no quería andar por Judea porque los judíos procuraban matarle.

2 Y la fiesta de los judíos, la de los Tabernáculos, estaba cerca.

3 Por eso sus hermanos le dijeron: Sal de aquí, y vete a Judea para que también tus discípulos vean las obras que tú haces.

4 Porque nadie hace nada en secreto cuando procura ser *conocido* en público. Si haces estas cosas, muéstrate al mundo.

5 Porque ni aun sus hermanos creían en El.

6 Entonces Jesús les dijo*: Mi tiempo aún

no ha llegado, pero vuestro tiempo es siempre oportuno.

7 El mundo no puede odiaros a vosotros, pero a mí me odia, porque yo doy testimonio de él, que sus acciones son malas.

8 Subid vosotros a la fiesta; yo no subo a esta fiesta porque aún mi tiempo no se ha cumplido.

9 Y habiéndoles dicho esto, se quedó en Galilea.

10 Pero cuando sus hermanos subieron a la fiesta, entonces El también subió; no abiertamente, sino en secreto.

11 Por eso los judíos le buscaban en la fiesta y decían: ¿Dónde está ése?

12 Y había mucha murmuración entre la gente acerca de El. Unos decían: El es bueno. Otros decían: No, al contrario, extravía a la gente.

13 Sin embargo, nadie hablaba abiertamente de El por miedo a los judíos.

Jesús responde a sus acusadores en el Templo

14 Pero ya a mitad de la fiesta, Jesús subió al templo y se puso a enseñar.

15 Entonces los judíos se maravillaban, diciendo: ¿Cómo puede éste saber de letras sin haber estudiado?

16 Jesús entonces les respondió y dijo: Mi enseñanza no es mía, sino del que me envió.

17 Si alguien quiere hacer su voluntad,

sabrá si mi enseñanza es de Dios o *si* hablo de mí mismo.

18 El que habla de sí mismo busca su propia gloria; pero el que busca la gloria del que le envió, éste es verdadero y no hay injusticia en El.

19 ¿No os dio Moisés la ley, y *sin embargo* ninguno de vosotros la cumple? ¿Por qué procuráis matarme?

20 La multitud contestó: ¡Tienes un demonio! ¿Quién procura matarte?

21 Respondió Jesús y les dijo: Una sola obra hice y todos os admiráis.

22 Por eso Moisés os ha dado la circuncisión (no porque sea de Moisés, sino de los padres), y en el día de reposo circuncidáis al hombre.

23 *Y* si para no violar la ley de Moisés un hombre recibe la circuncisión en el día de reposo, *¿por qué* estáis enojados conmigo porque sané por completo a un hombre en el día de reposo?

24 No juzguéis por la apariencia, sino juzgad con juicio justo.

25 Entonces algunos de Jerusalén decían: ¿No es éste al que procuran matar?

26 Y ved, habla en público y no le dicen nada. ¿No será que en verdad los gobernantes reconocen que este es el Cristo?

27 Sin embargo, nosotros sabemos de dónde es éste; pero cuando venga el Cristo, nadie sabrá de dónde es.

28 Jesús entonces, mientras enseñaba en el

templo, exclamó en alta voz, diciendo: Vosotros me conocéis y sabéis de dónde soy. Yo no he venido por mi propia cuenta, pero el que me envió es verdadero, a quien vosotros no conocéis.

29 Yo le conozco, porque procedo de El, y El me envió.

30 Procuraban, pues, prenderle; pero nadie le echó mano porque todavía no había llegado su hora.

31 Pero muchos de la multitud creyeron en El, y decían: Cuando el Cristo venga, ¿acaso hará más señales que las que éste ha hecho?

32 Los fariseos oyeron a la multitud murmurando estas cosas acerca de El, y los principales sacerdotes y los fariseos enviaron alguaciles para que le prendieran.

33 Entonces Jesús dijo: Por un poco más de tiempo estoy con vosotros; después voy al que me envió.

34 Me buscaréis y no me hallaréis; y donde yo esté, vosotros no podéis ir.

35 Decían entonces los judíos entre sí: ¿Adónde piensa irse éste que no le hallemos? ¿Será acaso que quiere irse a la dispersión entre los griegos y enseñar a los griegos?

36 ¿Qué quiere decir esto que ha dicho: "Me buscaréis y no me hallaréis; y donde yo esté, vosotros no podéis ir"?

37 Y en el último día, el gran *día* de la fiesta, Jesús puesto en pie, exclamó en alta voz,

diciendo: Si alguno tiene sed, que venga a mí y beba.

38 El que cree en mí, como ha dicho la Escritura: "De lo más profundo de su ser brotarán ríos de agua viva."

39 Pero El decía esto del Espíritu, que los que habían creído en El habían de recibir; porque el Espíritu no había *sido dado* todavía, pues Jesús aún no había sido glorificado.

Algunos aceptan a Cristo, y otros le rechazan

40 Entonces *algunos* de la multitud, cuando oyeron estas palabras, decían: Verdaderamente este es el Profeta.

41 Otros decían: Este es el Cristo. Pero otros decían: ¿Acaso el Cristo ha de venir de Galilea?

42 ¿No ha dicho la Escritura que el Cristo viene de la descendencia de David, y de Belén, la aldea de donde era David?

43 Así que se suscitó una división entre la multitud por causa de El.

44 Y algunos de ellos querían prenderle, pero nadie le echó mano.

45 Entonces los alguaciles vinieron a los principales sacerdotes y fariseos, y éstos les dijeron: ¿Por qué no le trajisteis?

46 Los alguaciles respondieron: ¡Jamás hombre alguno ha hablado como este hombre habla!

47 Entonces los fariseos les contestaron:

¿Es que también vosotros os habéis dejado engañar?

48 ¿Acaso ha creído en El alguno de los gobernantes, o de los fariseos?

49 Pero esta multitud que no conoce de la ley, maldita es.

50 Nicodemo, el que había venido a Jesús antes, y que era uno de ellos, les dijo*:

51 ¿Acaso juzga nuestra ley a un hombre a menos que le oiga primero y sepa lo que hace?

52 Respondieron y le dijeron: ¿Es que tú también eres de Galilea? Investiga, y verás que ningún profeta surge de Galilea.

53 Y cada uno se fue a su casa.

Jesús libera, perdona y amonesta a una pecadora

8 Pero Jesús se fue al Monte de los Olivos.
2 Y al amanecer, vino otra vez al templo, y todo el pueblo venía a El; y sentándose, les enseñaba.

3 Los escribas y los fariseos trajeron* a una mujer sorprendida en adulterio, y poniéndola en medio,

4 le dijeron*: Maestro, esta mujer ha sido sorprendida en el acto mismo del adulterio.

5 Y en la ley, Moisés nos ordenó apedrear a esta clase de mujeres; ¿tú, pues, qué dices?

6 Decían esto, probándole, para tener de qué acusarle. Pero Jesús se inclinó y con el dedo escribía en la tierra.

7 Pero como insistían en preguntarle,

Jesús se enderezó y les dijo: El que de vosotros esté sin pecado, sea *el* primero en tirarle una piedra.

8 E inclinándose de nuevo, escribía en la tierra.

9 Pero al oír ellos *esto,* se fueron retirando uno a uno comenzando por los de mayor edad, y dejaron solo *a Jesús* y a la mujer que estaba en medio.

10 Enderezándose Jesús, le dijo: Mujer, ¿dónde están ellos? ¿Ninguno te ha condenado?

11 Y ella respondió: Ninguno, Señor. Entonces Jesús le dijo: Yo tampoco te condeno. Vete; desde ahora no peques más.

Jesús es la luz de Dios para el mundo

12 Jesús les habló otra vez, diciendo: Yo soy la luz del mundo; el que me sigue no andará en tinieblas, sino que tendrá la luz de la vida.

13 Entonces los fariseos le dijeron: Tú das testimonio de ti mismo; tu testimonio no es verdadero.

14 Respondió Jesús y les dijo: Aunque yo doy testimonio de mí mismo, mi testimonio es verdadero, porque yo sé de dónde he venido y adónde voy; pero vosotros no sabéis de dónde vengo ni adónde voy.

15 Vosotros juzgáis según la carne; yo no juzgo a nadie.

16 Pero si yo juzgo, mi juicio es verdadero;

porque no soy yo solo, sino yo y el Padre que me envió.

17 Aun en vuestra ley está escrito que el testimonio de dos hombres es verdadero.

18 Yo soy el que doy testimonio de mí mismo, y el Padre que me envió da testimonio de mí.

19 Entonces le decían: ¿Dónde está tu Padre? Jesús respondió: No me conocéis a mí ni a mi Padre. Si me conocierais a mí, conoceríais también a mi Padre.

20 Estas palabras las pronunció en el *lugar del* tesoro, cuando enseñaba en el templo; y nadie le prendió, porque todavía no había llegado su hora.

21 Entonces les dijo de nuevo: Yo me voy, y me buscaréis, y moriréis en vuestro pecado; adonde yo voy, vosotros no podéis ir.

22 Por eso los judíos decían: ¿Acaso se va a suicidar, puesto que dice: "Adonde yo voy, vosotros no podéis ir"?

23 Y *Jesús* les decía: Vosotros sois de abajo, yo soy de arriba; vosotros sois de este mundo, yo no soy de este mundo.

24 Por eso os dije que moriréis en vuestros pecados; porque si no creéis que yo soy, moriréis en vuestros pecados.

25 Entonces le decían: ¿Tú quién eres? Jesús les dijo: ¿Qué os he estado diciendo *desde* el principio?

26 Tengo mucho que decir y juzgar de vosotros, pero el que me envió es veraz; y

yo, las cosas que oí de El, éstas digo al mundo.

27 No comprendieron que les hablaba del Padre.

28 Por eso Jesús dijo: Cuando levantéis al Hijo del Hombre, entonces sabréis que yo soy y que no hago nada por mi cuenta, sino que hablo estas cosas como el Padre me enseñó.

29 Y El que me envió está conmigo; no me ha dejado solo, porque yo siempre hago lo que le agrada.

30 Al hablar estas cosas, muchos creyeron en El.

31 Entonces Jesús decía a los judíos que habían creído en El: Si vosotros permanecéis en mi palabra, verdaderamente sois mis discípulos;

32 y conoceréis la verdad, y la verdad os hará libres.

33 Ellos le contestaron: Somos descendientes de Abraham y nunca hemos sido esclavos de nadie. ¿Cómo dices tú: "Seréis libres"?

34 Jesús les respondió: En verdad, en verdad os digo que todo el que comete pecado es esclavo del pecado;

35 y el esclavo no queda en la casa para siempre; el hijo *sí* permanece para siempre.

36 Así que, si el Hijo os hace libres, seréis realmente libres.

No todos son hijos de Dios

37 Sé que sois descendientes de Abraham;
y sin embargo, procuráis matarme porque
mi palabra no tiene cabida en vosotros.

38 Yo hablo lo que he visto con *mi* Padre;
vosotros, entonces, hacéis también lo que
oísteis de *vuestro* padre.

39 Ellos le contestaron, y le dijeron: Abraham es nuestro padre. Jesús les dijo*: Si sois
hijos de Abraham, haced las obras de Abraham.

40 Pero ahora procuráis matarme, a mí que
os he dicho la verdad que oí de Dios. Esto no
lo hizo Abraham.

41 Vosotros hacéis las obras de vuestro padre. Ellos le dijeron: Nosotros no nacimos
de fornicación; tenemos un Padre, *es decir,*
Dios.

42 Jesús les dijo: Si Dios fuera vuestro Padre, me amaríais, porque yo salí de Dios y
vine *de El*, pues no he venido por mi propia
iniciativa, sino que El me envió.

43 ¿Por qué no entendéis lo que digo?
Porque no podéis oír mi palabra.

44 Sois de *vuestro* padre el diablo y queréis
hacer los deseos de vuestro padre. El fue un
homicida desde el principio, y no se ha
mantenido en la verdad porque no hay
verdad en él. Cuando habla mentira, habla
de su propia naturaleza, porque es mentiroso
y el padre de la mentira.

45 Pero porque yo digo la verdad, no me creéis.

46 ¿Quién de vosotros me prueba *que tengo* pecado? Y si digo verdad, ¿por qué vosotros no me creéis?

47 El que es de Dios escucha las palabras de Dios; por eso vosotros no escucháis, porque no sois de Dios.

48 Contestaron los judíos, y le dijeron: ¿No decimos con razón que tú eres samaritano y que tienes un demonio?

49 Jesús respondió: Yo no tengo ningún demonio, sino que honro a mi Padre, y vosotros me deshonráis a mí.

50 Pero yo no busco mi gloria; hay Uno que *la* busca, y juzga.

51 En verdad, en verdad os digo que si alguno guarda mi palabra, no verá jamás la muerte.

Cristo, anterior a Abraham

52 Los judíos le dijeron: Ahora sí sabemos que tienes un demonio. Abraham murió, y *también* los profetas, y tú dices: "Si alguno guarda mi palabra no probará jamás la muerte."

53 ¿Eres tú acaso mayor que nuestro padre Abraham que murió? Los profetas también murieron; ¿quién crees que eres?

54 Jesús respondió: Si yo mismo me glorifico, mi gloria no es nada; es mi Padre el que me glorifica, de quien vosotros decís: "El es nuestro Dios."

55 Y vosotros no le habéis conocido, pero yo le conozco; y si digo que no le conozco seré un mentiroso como vosotros; pero *sí* le conozco y guardo su palabra.

56 Vuestro padre Abraham se regocijó esperando ver mi día; y *lo* vio y se alegró.

57 Por esto los judíos le dijeron: Aún no tienes cincuenta años, ¿y has visto a Abraham?

58 Jesús les dijo: En verdad, en verdad os digo: antes que Abraham naciera, yo soy.

59 Entonces tomaron piedras para tirárselas, pero Jesús se ocultó y salió del templo.

Dios usa los ojos de un ciego para manifestar su Gloria

9 Al pasar *Jesús,* vio a un hombre ciego de nacimiento.

2 Y sus discípulos le preguntaron, diciendo: Rabí, ¿quién pecó, éste o sus padres, para que naciera ciego?

3 Jesús respondió: Ni éste pecó, ni sus padres; sino *que está ciego* para que las obras de Dios se manifiesten en él.

4 Nosotros debemos hacer las obras del que me envió mientras es de día; la noche viene cuando nadie puede trabajar.

5 Mientras estoy en el mundo, yo soy la luz del mundo.

6 Habiendo dicho esto, escupió en tierra, e hizo barro con la saliva y le untó el barro en los ojos,

7 y le dijo: Ve y lávate en el estanque de Siloé (que quiere decir, Enviado). El fue, pues, y se lavó y regresó viendo.

8 Entonces los vecinos y los que antes le habían visto que era mendigo, decían: ¿No es éste el que se sentaba y mendigaba?

9 Unos decían: El es; y otros decían: No, pero se parece a él. El decía: Yo soy.

10 Entonces le decían: ¿Cómo te fueron abiertos los ojos?

11 El respondió: El hombre que se llama Jesús hizo barro, *lo* untó *sobre* mis ojos y me dijo: "Ve al Siloé y lávate." Así que fui, me lavé y recibí la vista.

12 Y le dijeron: ¿Dónde está El? El dijo*: No sé.

La ceguera espiritual es
más trágica que la física

13 Llevaron* ante los fariseos al que antes había sido ciego.

14 Y era día de reposo el día en que Jesús hizo el barro y le abrió los ojos.

15 Entonces los fariseos volvieron también a preguntarle cómo había recibido la vista. Y él les dijo: Me puso barro sobre los ojos, y me lavé y veo.

16 Por eso algunos de los fariseos decían: Este hombre no viene de Dios, porque no guarda el día de reposo. Pero otros decían: ¿Cómo puede un hombre pecador hacer tales señales? Y había división entre ellos.

17 Entonces dijeron* otra vez al ciego:

¿Qué dices tú de El, ya que te abrió los ojos? Y él dijo: Es un profeta.

18 Entonces los judíos no le creyeron que había sido ciego, y que había recibido la vista, hasta que llamaron a los padres del que había recibido la vista,

19 y les preguntaron, diciendo: ¿Es éste vuestro hijo, el que vosotros decís que nació ciego? ¿Cómo es que ahora ve?

20 Sus padres entonces les respondieron, y dijeron: Sabemos que este es nuestro hijo, y que nació ciego;

21 pero cómo es que ahora ve, no lo sabemos; o quién le abrió los ojos, nosotros no lo sabemos. Preguntadle a él; edad tiene, él hablará por sí mismo.

22 Sus padres dijeron esto porque tenían miedo a los judíos; porque los judíos ya se habían puesto de acuerdo en que si alguno confesaba que Jesús era el Cristo, fuera expulsado de la sinagoga.

23 Por eso sus padres dijeron: Edad tiene; preguntadle a él.

El testimonio que sólo es posible por quien nació ciego

24 Por segunda vez llamaron al hombre que había sido ciego y le dijeron: Da gloria a Dios; nosotros sabemos que este hombre es un pecador.

25 Entonces él les contestó: Si es pecador, no lo sé; una cosa sé: que yo era ciego y ahora veo.

26 Le dijeron entonces: ¿Qué te hizo? ¿Cómo te abrió los ojos?

27 El les contestó: Ya os lo dije y no escuchasteis; ¿por qué queréis oír*lo* otra vez? ¿Es que también vosotros queréis haceros discípulos suyos?

28 Entonces lo insultaron, y le dijeron: Tú eres discípulo de ese *hombre;* pero nosotros somos discípulos de Moisés.

29 Nosotros sabemos que Dios habló a Moisés, pero en cuanto a éste, no sabemos de dónde es.

30 Respondió el hombre y les dijo: Pues en esto hay algo asombroso, que vosotros no sepáis de dónde es, y *sin embargo,* a mí me abrió los ojos.

31 Sabemos que Dios no oye a los pecadores; pero si alguien teme a Dios y hace su voluntad, a éste oye.

32 Desde el principio jamás se ha oído *decir* que alguien abriera los ojos a un ciego de nacimiento.

33 Si éste no viniera de Dios, no podría hacer nada.

34 Respondieron ellos y le dijeron: Tú naciste enteramente en pecados, ¿y tú nos enseñas a nosotros? Y lo echaron fuera.

35 Jesús oyó decir que lo habían echado fuera, y hallándolo, *le* dijo: ¿Crees tú en el Hijo del Hombre?

36 El respondió y dijo: ¿Y quién es, Señor, para que yo crea en El?

37 Jesús le dijo: Pues tú le has visto, y el que está hablando contigo, ése es.

38 El entonces dijo: Creo, Señor. Y le adoró.

39 Y Jesús dijo: Yo vine a este mundo para juicio; para que los que no ven, vean, y para que los que ven se vuelvan ciegos.

40 *Algunos* de los fariseos que estaban con El oyeron esto y le dijeron: ¿Acaso nosotros también somos ciegos?

41 Jesús les dijo: Si fuerais ciegos, no tendríais pecado; pero ahora, *porque* decís: "Vemos", vuestro pecado permanece.

Cristo, nuestro único medio de salvación

10 En verdad, en verdad os digo: el que no entra por la puerta en el redil de las ovejas, sino que sube por otra parte, ése es ladrón y salteador.

2 Pero el que entra por la puerta, es el pastor de las ovejas.

3 A éste le abre el portero, y las ovejas oyen su voz; llama a sus ovejas por nombre y las conduce afuera.

4 Cuando saca todas las suyas, va delante de ellas, y las ovejas lo siguen ·porque conocen su voz.

5 Pero a un desconocido no seguirán, sino que huirán de él, porque no conocen la voz de los extraños.

6 Jesús les habló *por medio de* esta alegoría, pero ellos no entendieron qué era lo que les decía.

7 Entonces Jesús les dijo de nuevo: En verdad, en verdad os digo: yo soy la puerta de las ovejas.

8 Todos los que vinieron antes de mí son ladrones y salteadores, pero las ovejas no les hicieron caso.

9 Yo soy la puerta; si alguno entra por mí, será salvo; y entrará y saldrá y hallará pasto.

10 El ladrón sólo viene para robar y matar y destruir; yo he venido para que tengan vida, y para que *la* tengan *en* abundancia.

11 Yo soy el buen pastor; el buen pastor da su vida por las ovejas.

12 *Pero* el que es un asalariado y no un pastor, que no es el dueño de las ovejas, ve venir al lobo, y abandona las ovejas y huye, y el lobo las arrebata y *las* dispersa.

13 *El huye* porque *sólo* trabaja por el pago y no le importan las ovejas.

14 Yo soy el buen pastor, y conozco mis ovejas y las mías me conocen,

15 de igual manera que el Padre me conoce y yo conozco al Padre, y doy mi vida por las ovejas.

16 Tengo otras ovejas que no son de este redil; a ésas también me es necesario traerlas, y oirán mi voz, y serán un rebaño *con* un solo pastor.

17 Por eso el Padre me ama, porque yo doy mi vida para tomarla de nuevo.

18 Nadie me la quita, sino que yo la doy de mi propia voluntad. Tengo autoridad para darla, y tengo autoridad para tomarla de

nuevo. Este mandamiento recibí de mi Padre.

19 Se volvió a suscitar una división entre los judíos por estas palabras.

20 Y muchos de ellos decían: Tiene un demonio y está loco. ¿Por qué le hacéis caso?

21 Otros decían: Estas no son palabras de un endemoniado. ¿Puede acaso un demonio abrir los ojos de los ciegos?

Cristo y el Padre son uno

22 En esos días se celebraba en Jerusalén la fiesta de la Dedicación.

23 Era invierno, y Jesús andaba por el templo, en el pórtico de Salomón.

24 Entonces los judíos le rodearon, y le decían: ¿Hasta cuándo nos vas a tener en suspenso? Si tú eres el Cristo, dínoslo claramente.

25 Jesús les respondió: Os lo he dicho, y no creéis; las obras que yo hago en el nombre de mi Padre, éstas dan testimonio de mí.

26 Pero vosotros no creéis porque no sois de mis ovejas.

27 Mis ovejas oyen mi voz, y yo las conozco y me siguen;

28 y yo les doy vida eterna y jamás perecerán, y nadie las arrebatará de mi mano.

29 Mi Padre que me *las* dio es mayor que todos, y nadie *las* puede arrebatar de la mano del Padre.

30 Yo y el Padre somos uno.

31 Los judíos volvieron a tomar piedras para apedrearle.

32 Jesús les dijo: Os he mostrado muchas obras buenas *que son* del Padre. ¿Por cuál de ellas me apedreáis?

33 Los judíos le contestaron: No te apedreamos por ninguna obra buena, sino por blasfemia; y porque tú, siendo hombre, te haces Dios.

34 Jesús les respondió: ¿No está escrito en vuestra ley: "Yo DIJE: SOIS DIOSES"?

35 Si a aquellos, a quienes vino la palabra de Dios, los llamó dioses (y la Escritura no se puede violar),

36 ¿a quien el Padre santificó y envió al mundo, vosotros decís: "Blasfemas", porque dije: "Yo soy el Hijo de Dios"?

37 Si no hago las obras de mi Padre, no me creáis;

38 pero si las hago, aunque a mí no me creáis, creed las obras; para que sepáis y entendáis que el Padre está en mí y yo en el Padre.

39 Por eso procuraban otra vez prenderle, pero se les escapó de entre las manos.

40 Se fue de nuevo al otro lado del Jordán, al lugar donde primero había estado bautizando Juan, y se quedó allí.

41 Y muchos vinieron a El y decían: Aunque Juan no hizo ninguna señal, sin embargo, todo lo que Juan dijo de éste era verdad.

42 Y muchos creyeron en El allí.

Cristo es más poderoso que la muerte

11 Y estaba enfermo cierto *hombre llamado* Lázaro, de Betania, la aldea de María y de su hermana Marta.

2 María, cuyo hermano Lázaro estaba enfermo, fue la que ungió al Señor con perfume y le secó los pies con sus cabellos.

3 Las hermanas entonces mandaron a decir a Jesús: Señor, mira, el que tú amas está enfermo.

4 Cuando Jesús *lo* oyó, dijo: Esta enfermedad no es para muerte, sino para la gloria de Dios, para que el Hijo de Dios sea glorificado por medio de ella.

5 Y Jesús amaba a Marta, a su hermana y a Lázaro.

6 Cuando oyó, pues, que *Lázaro* estaba enfermo, entonces se quedó dos días *más* en el lugar donde estaba.

7 Luego, después de esto, dijo* a sus discípulos: Vamos de nuevo a Judea.

8 Los discípulos le dijeron*: Rabí, hace poco que los judíos procuraban apedrearte, ¿y vas otra vez allá?

9 Jesús respondió: ¿No hay doce horas en el día? Si alguno anda de día no tropieza, porque ve la luz de este mundo.

10 Pero si alguno anda de noche, tropieza, porque la luz no está en él.

11 Dijo esto, y después de esto añadió:

Nuestro amigo Lázaro se ha dormido; pero voy a despertarlo.

12 Los discípulos entonces le dijeron: Señor, si se ha dormido, se recuperará.

13 Pero Jesús había hablado de la muerte de Lázaro, mas ellos creyeron que hablaba literalmente del sueño.

14 Entonces Jesús, por eso, les dijo claramente: Lázaro ha muerto;

15 y por causa de vosotros me alegro de no haber estado allí, para que creáis; pero vamos a *donde está* él.

16 Tomás, llamado el Dídimo, dijo entonces a *sus* condiscípulos: Vamos nosotros también para morir con El.

17 Llegó, pues, Jesús y halló que ya hacía cuatro días que estaba en el sepulcro.

18 Betania estaba cerca de Jerusalén, como a tres kilómetros;

19 y muchos de los judíos habían venido a *casa de* Marta y María, para consolarlas por *la muerte de su* hermano.

20 Entonces Marta, cuando oyó que Jesús venía, fue a su encuentro, pero María se quedó sentada en casa.

21 Y Marta dijo a Jesús: Señor, si hubieras estado aquí, mi hermano no habría muerto.

22 Aun ahora, yo sé que todo lo que pidas a Dios, Dios te lo concederá.

23 Jesús le dijo*: Tu hermano resucitará.

24 Marta le contestó*: Yo sé que resucitará en la resurrección, en el día final.

25 Jesús le dijo: Yo soy la resurrección y la

vida; el que cree en mí, aunque muera, vivirá,

26 y todo el que vive y cree en mí, no morirá jamás. ¿Crees esto?

27 Ella le dijo*: Sí, Señor; yo he creído que tú eres el Cristo, el Hijo de Dios, el que viene al mundo.

28 Y habiendo dicho esto, se fue y llamó a su hermana María, diciéndole en secreto: El Maestro está aquí, y te llama.

29 Tan pronto como ella lo oyó, se levantó* rápidamente y fue hacia El.

Cristo resucita a Lázaro

30 Pues Jesús aún no había entrado en la aldea, sino que todavía estaba en el lugar donde Marta le había encontrado.

31 Entonces los judíos que estaban con ella en la casa consolándola, cuando vieron que María se levantó de prisa y salió, la siguieron, suponiendo que iba al sepulcro a llorar allí.

32 Cuando María llegó adonde estaba Jesús, al verle, se arrojó entonces a sus pies, diciéndole: Señor, si hubieras estado aquí, mi hermano no habría muerto.

33 Y cuando Jesús la vio llorando, y a los judíos que vinieron con ella llorando también, se conmovió profundamente en el espíritu, y se entristeció,

34 y dijo: ¿Dónde lo pusisteis? Le dijeron*: Señor, ven y ve.

35 Jesús lloró.

36 Por eso los judíos decían: Mirad, cómo lo amaba.

37 Pero algunos de ellos dijeron: ¿No podía éste, que abrió los ojos del ciego, haber evitado también que *Lázaro* muriera?

38 Entonces Jesús, de nuevo profundamente conmovido en su interior, fue* al sepulcro. Era una cueva, y tenía una piedra puesta sobre ella.

39 Jesús dijo*: Quitad la piedra. Marta, hermana del que había muerto, le dijo*: Señor, ya hiede, porque hace cuatro días *que murió*.

40 Jesús le dijo*: ¿No te dije que si crees, verás la gloria de Dios?

41 Entonces quitaron la piedra. Jesús alzó los ojos a lo alto, y dijo: Padre, te doy gracias porque me has oído.

42 Yo sabía que siempre me oyes; pero lo dije por causa de la multitud que *me* rodea, para que crean que tú me has enviado.

43 Habiendo dicho esto, gritó con fuerte voz: ¡Lázaro, ven fuera!

44 Y el que había muerto salió, los pies y las manos atados con vendas, y el rostro envuelto en un sudario. Jesús les dijo*: Desatadlo, y dejadlo ir.

45 Por esto muchos de los judíos que habían venido *a ver* a María, y vieron lo que *Jesús* había hecho, creyeron en El.

46 Pero algunos de ellos fueron a los fariseos y les contaron lo que Jesús había hecho.

Los líderes traman matar a Jesús

47 Entonces los principales sacerdotes y los fariseos convocaron un concilio, y decían: ¿Qué hacemos? Porque este hombre hace muchas señales.

48 Si le dejamos *seguir* así, todos van a creer en El, y los romanos vendrán y nos quitarán nuestro lugar y nuestra nación.

49 Pero uno de ellos, Caifás, que era sumo sacerdote ese año, les dijo: Vosotros no sabéis nada,

50 ni tenéis en cuenta que os es más conveniente que un hombre muera por el pueblo, y no que toda la nación perezca.

51 Ahora bien, no dijo esto de su propia iniciativa, sino que siendo el sumo sacerdote ese año, profetizó que Jesús iba a morir por la nación;

52 y no sólo por la nación, sino también para reunir en uno a los hijos de Dios que están esparcidos.

53 Así que, desde ese día planearon entre sí para matarle.

54 Por eso Jesús ya no andaba públicamente entre los judíos, sino que se fue de allí a la región cerca del desierto, a una ciudad llamada Efraín; y se quedó allí con los discípulos.

55 Y estaba cerca la Pascua de los judíos, y muchos de la región subieron a Jerusalén antes de la Pascua para purificarse.

56 Entonces buscaban a Jesús, y estando

ellos en el templo, se decían unos a otros: ¿Qué os parece? ¿Que no vendrá a la fiesta?

57 Y los principales sacerdotes y los fariseos habían dado órdenes de que si alguien sabía dónde estaba *Jesús,* diera aviso para que le prendieran.

María unge los pies de Jesús

12 Entonces Jesús, seis días antes de la Pascua, vino a Betania donde estaba Lázaro, al que Jesús había resucitado de entre los muertos.

2 Y le hicieron una cena allí, y Marta servía; pero Lázaro era uno de los que estaban *a la mesa* con El.

3 Entonces María, tomando una libra de perfume de nardo puro que costaba mucho, ungió los pies de Jesús, y se los secó con los cabellos, y la casa se llenó con la fragancia del perfume.

4 Y Judas Iscariote, uno de sus discípulos, el que le iba a entregar, dijo*:

5 ¿Por qué no se vendió este perfume por trescientos denarios y se dio a los pobres?

6 Pero dijo esto, no porque se preocupara por los pobres, sino porque era un ladrón, y como tenía la bolsa del dinero, sustraía de lo que se echaba en ella.

7 Entonces Jesús dijo: Déjala, para que lo guarde para el día de mi sepultura.

8 Porque a los pobres siempre los tendréis con vosotros; pero a mí no siempre me tendréis.

Cristo aclamado como rey por el pueblo

9 Entonces la gran multitud de judíos se enteró de que *Jesús* estaba allí; y vinieron no sólo por causa de Jesús, sino también por ver a Lázaro, a quien había resucitado de entre los muertos.

10 Pero los principales sacerdotes resolvieron matar también a Lázaro;

11 porque por causa de él muchos de los judíos se apartaban y creían en Jesús.

12 Al día siguiente, cuando la gran multitud que había venido a la fiesta, oyó que Jesús venía a Jerusalén,

13 tomaron hojas de las palmas y salieron a recibirle, y gritaban: ¡Hosanna! BENDITO EL QUE VIENE EN EL NOMBRE DEL SEÑOR, el Rey de Israel.

14 Jesús, hallando un asnillo, se montó en él; como está escrito:

15 NO TEMAS, HIJA DE SION; HE AQUI, TU REY VIENE, MONTADO EN UN POLLINO DE ASNA.

16 Sus discípulos no entendieron esto al principio, pero *después,* cuando Jesús fue glorificado, entonces se acordaron de que esto se había escrito de El, y de que le habían hecho estas cosas.

17 Y así, la multitud que estaba con El cuando llamó a Lázaro del sepulcro y lo resucitó de entre los muertos, daba testimonio *de El.*

18 Por eso la multitud fue también a recibirle, porque habían oído que El había hecho esta señal.

19 Entonces los fariseos se decían unos a otros: ¿Veis que no conseguís nada? Mirad, *todo* el mundo se ha ido tras El.

20 Y había unos griegos entre los que subían a adorar en la fiesta;

21 éstos, pues, fueron a Felipe, que era de Betsaida de Galilea, y le rogaban, diciendo: Señor, queremos ver a Jesús.

22 Felipe fue* y se lo dijo* a Andrés; Andrés y Felipe fueron* y se lo dijeron* a Jesús.

23 Jesús les respondió*, diciendo: Ha llegado la hora para que el Hijo del Hombre sea glorificado.

24 En verdad, en verdad os digo que si el grano de trigo no cae en tierra y muere, queda él solo; pero si muere, produce mucho fruto.

25 El que ama su vida la pierde; y el que aborrece su vida en este mundo, la conservará para vida eterna.

26 Si alguno me sirve, que me siga; y donde yo estoy, allí también estará mi servidor; si alguno me sirve, el Padre lo honrará.

Dios habla a Cristo

27 Ahora mi alma se ha angustiado; y ¿qué diré: "Padre, sálvame de esta hora"? Pero para esto he llegado a esta hora.

28 Padre, glorifica tu nombre. Entonces

vino una voz del cielo: Y *le* he glorificado, y de nuevo *le* glorificaré.

29 Por eso la multitud que estaba *allí* y *la* oyó, decía que había sido un trueno; otros decían: Un ángel le ha hablado.

30 Respondió Jesús y dijo: Esta voz no ha venido por causa mía, sino por causa de vosotros.

31 Ya está aquí el juicio de este mundo; ahora el príncipe de este mundo será echado fuera.

32 Y yo, si soy levantado de la tierra, atraeré a todos a mí mismo.

33 Pero El decía esto para indicar de qué clase de muerte iba a morir.

34 Entonces la multitud le respondió: Hemos oído en la ley que el Cristo permanecerá para siempre; ¿y cómo dices tú: "El Hijo del Hombre tiene que ser levantado"? ¿Quién es este Hijo del Hombre?

35 Jesús entonces les dijo: Todavía, por un poco de tiempo, la luz estará entre vosotros. Caminad mientras tenéis la luz, para que no os sorprendan las tinieblas; el que anda en la oscuridad no sabe adónde va.

36 Mientras tenéis la luz, creed en la luz, para que seáis hijos de luz.

Estas cosas habló Jesús, y se fue y se ocultó de ellos.

Jesús es rechazado, según fue profetizado

37 Pero aunque había hecho tantas señales delante de ellos, no creían en El,

38 para que se cumpliera la palabra del profeta Isaías, que dijo: SEÑOR, ¿QUIEN HA CREIDO A NUESTRO ANUNCIO? ¿Y A QUIEN SE HA REVELADO EL BRAZO DEL SEÑOR?

39 Por eso no podían creer, porque Isaías dijo también:

40 EL HA CEGADO SUS OJOS Y ENDURECIDO SU CORAZON, PARA QUE NO VEAN CON LOS OJOS Y ENTIENDAN CON EL CORAZON, Y SE CONVIERTAN Y YO LOS SANE.

41 Esto dijo Isaías porque vio su gloria, y habló de El.

42 Sin embargo, muchos, aun de los gobernantes, creyeron en El, pero por causa de los fariseos no lo confesaban, para no ser expulsados de la sinagoga.

43 Porque amaban más el reconocimiento de los hombres que el reconocimiento de Dios.

44 Jesús exclamó y dijo: El que cree en mí, no cree en mí, sino en aquel que me ha enviado.

45 Y el que me ve, ve al que me ha enviado.

46 Yo, la luz, he venido al mundo, para que todo el que cree en mí no permanezca en tinieblas.

47 Si alguno oye mis palabras y no las

guarda, yo no lo juzgo; porque no vine a juzgar al mundo, sino a salvar al mundo.

48 El que me rechaza y no recibe mis palabras, tiene quien lo juzgue; la palabra que he hablado, ésa lo juzgará en el día final.

49 Porque yo no he hablado por mi propia cuenta, sino que el Padre mismo que me ha enviado me ha dado mandamiento *sobre* lo que he de decir y lo que he de hablar.

50 Y sé que su mandamiento es vida eterna; por eso lo que hablo, lo hablo tal como el Padre me lo ha dicho.

Jesús, el Maestro y Señor, como siervo

13 Antes de la fiesta de la Pascua, sabiendo Jesús que su hora había llegado para pasar de este mundo al Padre, habiendo amado a los suyos que estaban en el mundo, los amó hasta el fin.

2 Y durante la cena, como ya el diablo había puesto en el corazón de Judas Iscariote, *hijo* de Simón, el que lo entregara,

3 *Jesús*, sabiendo que el Padre había puesto todas las cosas en sus manos, y que de Dios había salido y a Dios volvía,

4 se levantó* de la cena y se quitó* su manto, y tomando una toalla, se la ciñó.

5 Luego echó* agua en una vasija, y comenzó a lavar los pies de los discípulos y a secárselos con la toalla que tenía ceñida.

6 Entonces llegó* a Simón Pedro. Este le dijo*: Señor, ¿tú lavarme a mí los pies?

7 Jesús respondió, y le dijo: Ahora tú no

comprendes lo que yo hago, pero lo entenderás después.

8 Pedro le contestó*: ¡Jamás me lavarás los pies! Jesús le respondió: Si no te lavo, no tienes parte conmigo.

9 Simón Pedro le dijo*: Señor, *entonces* no sólo los pies, sino también las manos y la cabeza.

10 Jesús le dijo*: El que se ha bañado no necesita lavarse, excepto los pies, pues está todo limpio; y vosotros estáis limpios, pero no todos.

11 Porque sabía quién le iba a entregar; por eso dijo: No todos estáis limpios.

12 Entonces, cuando acabó de lavarles los pies, tomó su manto, y sentándose *a la mesa* otra vez, les dijo: ¿Sabéis lo que os he hecho?

13 Vosotros me llamáis Maestro y Señor; y tenéis razón, porque lo soy.

14 Pues si yo, el Señor y el Maestro, os lavé los pies, vosotros también debéis lavaros los pies unos a otros.

15 Porque os he dado ejemplo, para que como yo os he hecho, vosotros también hagáis.

16 En verdad, en verdad os digo: un siervo no es mayor que su señor, ni un enviado es mayor que el que le envió.

17 Si sabéis esto, seréis felices si lo practicáis.

Jesús predice la traición de Judas y la negación de Pedro

18 No hablo de todos vosotros; yo conozco a los que he escogido; pero *es* para que se cumpla la Escritura: "EL QUE COME MI PAN HA LEVANTADO CONTRA MI SU CALCAÑAR."

19 Os lo digo desde ahora, antes de que pase, para que cuando suceda, creáis que yo soy.

20 En verdad, en verdad os digo: el que recibe al que yo envíe, me recibe a mí; y el que me recibe a mí, recibe al que me envió.

21 Habiendo dicho Jesús esto, se angustió en espíritu, y testificó y dijo: En verdad, en verdad os digo que uno de vosotros me entregará.

22 Los discípulos se miraban unos a otros, y estaban perplejos *sin saber* de quién hablaba.

23 Uno de sus discípulos, el que Jesús amaba, estaba *a la mesa* reclinado en el pecho de Jesús.

24 Por eso Simón Pedro le hizo* señas, y le dijo*: Di*nos* de quién habla.

25 El, recostándose de nuevo sobre el pecho de Jesús, le dijo*: Señor, ¿quién es?

26 Entonces Jesús respondió*: Es aquel a quien yo daré el bocado que voy a mojar. Y después de mojar el bocado, lo tomó* y se lo dio* a Judas, *hijo* de Simón Iscariote.

27 Y después del bocado, Satanás entró en

él. Entonces Jesús le dijo*: Lo que vas a hacer, hazlo pronto.

28 Pero ninguno de los que estaban sentados *a la mesa* entendió por qué le dijo esto.

29 Porque algunos pensaban que como Judas tenía la bolsa del dinero, Jesús le decía: Compra lo que necesitamos para la fiesta, o que diera algo a los pobres.

30 Y Judas, después de recibir el bocado, salió inmediatamente; y *ya* era de noche.

31 Entonces, cuando salió, Jesús dijo*: Ahora es glorificado el Hijo del Hombre, y Dios es glorificado en El.

32 Si Dios es glorificado en El, Dios también le glorificará en sí mismo, y le glorificará enseguida.

33 Hijitos, estaré con vosotros un poco más de tiempo. Me buscaréis, y como dije a los judíos, ahora también os digo a vosotros: adonde yo voy, vosotros no podéis ir.

34 Un mandamiento nuevo os doy: que os améis los unos a los otros; que como yo os he amado, así también os améis los unos a los otros.

35 En esto conocerán todos que sois mis discípulos, si os tenéis amor los unos a los otros.

36 Simón Pedro le dijo*: Señor, ¿adónde vas? Jesús respondió: Adonde yo voy, tú no me puedes seguir ahora, pero me seguirás después.

37 Pedro le dijo*: Señor, ¿por qué no te

puedo seguir ahora mismo? ¡Yo daré mi vida por ti!

38 Jesús *le* respondió*: ¿Tu vida darás por mí? En verdad, en verdad te digo: no cantará el gallo sin que antes me hayas negado tres veces.

Jesús promete que volverá

14 No se turbe vuestro corazón; creed en Dios, creed también en mí.

2 En la casa de mi Padre hay muchas moradas; si no *fuera así,* os lo hubiera dicho; porque voy a preparar un lugar para vosotros.

3 Y si me voy y preparo un lugar para vosotros, vendré otra vez y os tomaré conmigo; para que donde yo estoy, *allí* estéis también vosotros.

4 Y conocéis el camino adonde voy.

5 Tomás le dijo*: Señor, *si* no sabemos adónde vas, ¿cómo vamos a conocer el camino?

6 Jesús le dijo*: Yo soy el camino, y la verdad, y la vida; nadie viene al Padre sino por mí.

7 Si me hubierais conocido, también hubierais conocido a mi Padre; desde ahora le conocéis y le habéis visto.

8 Felipe le dijo*: Señor, muéstranos al Padre, y nos basta.

9 Jesús le dijo*: ¿Tanto tiempo he estado con vosotros, y *todavía* no me conoces, Felipe? El que me ha visto a mí, ha visto al

Padre; ¿cómo dices tú: "Muéstranos al Padre"?

10 ¿No crees que yo estoy en el Padre, y el Padre en mí? Las palabras que yo os digo, no las hablo por mi propia cuenta, sino que el Padre que mora en mí es el que hace las obras.

11 Creedme que yo estoy en el Padre, y el Padre en mí; y si no, creed por las obras mismas.

12 En verdad, en verdad os digo: el que cree en mí, las obras que yo hago, él las hará también; y aun mayores que éstas hará, porque yo voy al Padre.

13 Y todo lo que pidáis en mi nombre, lo haré, para que el Padre sea glorificado en el Hijo.

14 Si me pedís algo en mi nombre, yo *lo* haré.

La promesa del Espíritu Santo

15 Si me amáis, guardaréis mis mandamientos.

16 Y yo rogaré al Padre, y El os dará otro Consolador para que esté con vosotros para siempre;

17 *es decir,* el Espíritu de verdad, a quien el mundo no puede recibir, porque ni le ve ni le conoce, *pero* vosotros sí le conocéis porque mora con vosotros y estará en vosotros.

18 No os dejaré huérfanos; vendré a vosotros.

19 Un poco más de tiempo y el mundo no

me verá más, pero vosotros me veréis; porque yo vivo, vosotros también viviréis.

20 En ese día conoceréis que yo estoy en mi Padre, y vosotros en mí, y yo en vosotros.

21 El que tiene mis mandamientos y los guarda, ése es el que me ama; y el que me ama será amado por mi Padre; y yo lo amaré y me manifestaré a él.

22 Judas (no el Iscariote) le dijo*: Señor, ¿y qué ha pasado que te vas a manifestar a nosotros y no al mundo?

23 Jesús respondió, y le dijo: Si alguno me ama, guardará mi palabra; y mi Padre lo amará, y vendremos a él, y haremos con él morada.

24 El que no me ama, no guarda mis palabras; y la palabra que oís no es mía, sino del Padre que me envió.

25 Estas cosas os he dicho estando con vosotros.

26 Pero el Consolador, el Espíritu Santo, a quien el Padre enviará en mi nombre, El os enseñará todas las cosas, y os recordará todo lo que os he dicho.

La paz de Cristo

27 La paz os dejo, mi paz os doy; no os la doy como el mundo la da. No se turbe vuestro corazón, ni tenga miedo.

28 Oísteis que yo os dije: "Me voy, y vendré a vosotros." Si me amarais, os regocijaríais porque voy al Padre, ya que el Padre es mayor que yo.

29 Y os lo he dicho ahora, antes que suceda, para que cuando suceda, creáis.

30 No hablaré mucho más con vosotros, porque viene el príncipe de este mundo, y él no tiene nada en mí;

31 pero para que el mundo sepa que yo amo al Padre, y como el Padre me mandó, así hago. Levantaos, vámonos de aquí.

¿Qué significa permanecer en Cristo?

15 Yo soy la vid verdadera, y mi Padre es el viñador.

2 Todo sarmiento que en mí no da fruto, lo quita; y todo *el* que da fruto, lo poda para que dé más fruto.

3 Vosotros ya estáis limpios por la palabra que os he hablado.

4 Permaneced en mí, y yo en vosotros. Como el sarmiento no puede dar fruto por sí mismo si no permanece en la vid, así tampoco vosotros si no permanecéis en mí.

5 Yo soy la vid, vosotros los sarmientos; el que permanece en mí y yo en él, ése da mucho fruto, porque separados de mí nada podéis hacer.

6 Si alguno no permanece en mí, es echado fuera como un sarmiento y se seca; y los recogen, los echan al fuego y se queman.

7 Si permanecéis en mí, y mis palabras permanecen en vosotros, pedid lo que queráis y os será hecho.

8 En esto es glorificado mi Padre, en que

deis mucho fruto, y *así* probéis que sois mis discípulos.

9 Como el Padre me ha amado, *así* también yo os he amado; permaneced en mi amor.

10 Si guardáis mis mandamientos, permaneceréis en mi amor, así como yo he guardado los mandamientos de mi Padre y permanezco en su amor.

11 Estas cosas os he hablado, para que mi gozo esté en vosotros, y vuestro gozo sea perfecto.

Mandamiento importante de Cristo

12 Este es mi mandamiento: que os améis los unos a los otros, así como yo os he amado.

13 Nadie tiene un amor mayor que éste: que uno dé su vida por sus amigos.

14 Vosotros sois mis amigos si hacéis lo que yo os mando.

15 Ya no os llamo siervos, porque el siervo no sabe lo que hace su señor; pero os he llamado amigos, porque os he dado a conocer todo lo que he oído de mi Padre.

16 Vosotros no me escogisteis a mí, sino que yo os escogí a vosotros, y os designé para que vayáis y deis fruto, y que vuestro fruto permanezca; para que todo lo que pidáis al Padre en mi nombre os *lo* conceda.

17 Esto os mando: que os améis los unos a los otros.

¿Cómo trata el mundo a
los creyentes verdaderos?

18 Si el mundo os odia, sabéis que me ha odiado a mí antes que a vosotros.

19 Si fuerais del mundo, el mundo amaría lo suyo; pero como no sois del mundo, sino que yo os escogí de entre el mundo, por eso el mundo os odia.

20 Acordaos de la palabra que yo os dije: "Un siervo no es mayor que su señor." Si me persiguieron a mí, también os perseguirán a vosotros; si guardaron mi palabra, también guardarán la vuestra.

21 Pero todo esto os harán por causa de mi nombre, porque no conocen al que me envió.

22 Si yo no hubiera venido y no les hubiera hablado, no tendrían pecado, pero ahora no tienen excusa por su pecado.

23 El que me odia a mí, odia también a mi Padre.

24 Si yo no hubiera hecho entre ellos las obras que ningún otro ha hecho, no tendrían pecado; pero ahora las han visto, y me han odiado a mí y también a mi Padre.

25 Pero *han hecho esto* para que se cumpla la palabra que está escrita en su ley: "ME ODIARON SIN CAUSA."

26 Cuando venga el Consolador, a quien yo enviaré del Padre, *es decir,* el Espíritu de verdad que procede del Padre, El dará testimonio de mí,

27 y vosotros daréis testimonio también,
porque habéis estado conmigo desde el
principio.

16 Estas cosas os he dicho para que no
tengáis tropiezo.

2 Os expulsarán de la sinagoga; pero viene
la hora cuando cualquiera que os mate
pensará que *así* rinde un servicio a Dios.

3 Y harán estas cosas porque no han
conocido ni al Padre ni a mí.

4 Pero os he dicho estas cosas para que
cuando llegue la hora, os acordéis de que ya
os había hablado de ellas. Y no os dije estas
cosas al principio, porque yo estaba con
vosotros.

La obra del Espíritu Santo

5 Pero ahora voy al que me envió, y
ninguno de vosotros me pregunta:
"¿Adónde vas?"

6 Mas porque os he dicho estas cosas, la
tristeza ha llenado vuestro corazón.

7 Pero yo os digo la verdad: os conviene
que yo me vaya; porque si no me voy, el
Consolador no vendrá a vosotros; pero si me
voy, os lo enviaré.

8 Y cuando El venga, convencerá al
mundo de pecado, de justicia y de juicio;

9 de pecado, porque no creen en mí;

10 de justicia, porque yo voy al Padre y no
me veréis más;

11 y de juicio, porque el príncipe de este
mundo ha sido juzgado.

12 Aún tengo muchas cosas que deciros, pero ahora no *las* podéis soportar.

13 Pero cuando Él, el Espíritu de verdad, venga, os guiará a toda la verdad, porque no hablará por su propia cuenta, sino que hablará todo lo que oiga, y os hará saber lo que habrá de venir.

14 Él me glorificará, porque tomará de lo mío y os *lo* hará saber.

15 Todo lo que tiene el Padre es mío; por eso dije que Él toma de lo mío y os *lo* hará saber.

Jesús predice su partida

16 Un poco *más*, y ya no me veréis; y de nuevo un poco, y me veréis.

17 Entonces *algunos* de sus discípulos se decían unos a otros: ¿Qué es esto que nos dice: "Un poco *más,* y no me veréis, y de nuevo un poco, y me veréis" y "Porque yo voy al Padre"?

18 Por eso decían: ¿Qué es esto que dice: "Un poco"? No sabemos de qué habla.

19 Jesús sabía que querían preguntarle, y les dijo: ¿Estáis discutiendo entre vosotros sobre esto, porque dije: "Un poco más, y no me veréis, y de nuevo un poco, y me veréis"?

20 En verdad, en verdad os digo que lloraréis y os lamentaréis, pero el mundo se alegrará; estaréis tristes, pero vuestra tristeza se convertirá en alegría.

21 Cuando la mujer está para dar a luz, tiene

aflicción, porque ha llegado su hora; pero cuando da a luz al niño, ya no se acuerda de la angustia, por la alegría de que un niño haya nacido en el mundo.

22 Por tanto, ahora vosotros tenéis también aflicción; pero yo os veré otra vez, y vuestro corazón se alegrará, y nadie os quitará vuestro gozo.

23 En aquel día no me preguntaréis nada. En verdad, en verdad os digo: si pedís algo al Padre, os *lo* dará en mi nombre.

24 Hasta ahora nada habéis pedido en mi nombre; pedid y recibiréis, para que vuestro gozo sea completo.

25 Estas cosas os he hablado en lenguaje figurado; viene el tiempo cuando no os hablaré más en lenguaje figurado, sino que os hablaré del Padre claramente.

26 En ese día pediréis en mi nombre, y no os digo que yo rogaré al Padre por vosotros,

27 pues el Padre mismo os ama, porque vosotros me habéis amado y habéis creído que yo salí del Padre.

28 Salí del Padre y he venido al mundo; de nuevo, dejo el mundo y voy al Padre.

29 Sus discípulos le dijeron*: He aquí que ahora hablas claramente y no usas lenguaje figurado.

30 Ahora entendemos que tú sabes todas las cosas, y no necesitas que nadie te pregunte; por esto creemos que tú viniste de Dios.

31 Jesús les respondió: ¿Ahora creéis?

32 Mirad, la hora viene, y *ya* ha llegado, en

que seréis esparcidos, cada uno por su lado, y me dejaréis solo; y *sin embargo* no estoy solo, porque el Padre está conmigo.

33 Estas cosas os he hablado para que en mí tengáis paz. En el mundo tenéis tribulación; pero confiad, yo he vencido al mundo.

Oración de Cristo por sus seguidores

17 Estas cosas habló Jesús, y alzando los ojos al cielo, dijo: Padre, la hora ha llegado; glorifica a tu Hijo, para que el Hijo te glorifique a ti,

2 por cuanto le diste autoridad sobre todo ser humano para que dé vida eterna a todos los que tú le has dado.

3 Y esta es la vida eterna: que te conozcan a ti, el único Dios verdadero, y a Jesucristo, a quien has enviado.

4 Yo te glorifiqué en la tierra, habiendo terminado la obra que me diste que hiciera.

5 Y ahora, glorifícame tú, Padre, junto a ti, con la gloria que tenía contigo antes que el mundo existiera.

6 He manifestado tu nombre a los hombres que del mundo me diste; eran tuyos y me los diste, y han guardado tu palabra.

7 Ahora han conocido que todo lo que me has dado viene de ti;

8 porque yo les he dado las palabras que me diste; y *las* recibieron, y entendieron que en verdad salí de ti, y creyeron que tú me enviaste.

9 Yo ruego por ellos; no ruego por el

mundo, sino por los que me has dado; porque son tuyos;

10 y todo lo mío es tuyo, y lo tuyo, mío; y he sido glorificado en ellos.

11 Ya no estoy en el mundo, *pero* ellos sí están en el mundo, y yo voy a ti. Padre santo, guárdalos en tu nombre, el *nombre* que me has dado, para que sean uno, así como nosotros.

12 Cuando estaba con ellos, los guardaba en tu nombre, el *nombre* que me diste; y los guardé y ninguno se perdió, excepto el hijo de perdición, para que la Escritura se cumpliera.

13 Pero ahora voy a ti; y hablo esto en el mundo para que tengan mi gozo completo en sí mismos.

14 Yo les he dado tu palabra y el mundo los ha odiado, porque no son del mundo, como tampoco yo soy del mundo.

15 No te ruego que los saques del mundo, sino que los guardes del maligno.

16 Ellos no son del mundo, como tampoco yo soy del mundo.

17 Santifícalos en la verdad; tu palabra es verdad.

18 Como tú me enviaste al mundo, yo también los he enviado al mundo.

19 Y por ellos yo me santifico, para que ellos también sean santificados en la verdad.

Jesús ora por nosotros

20 Mas no ruego sólo por éstos, sino

también por los que han de creer en mí por la palabra de ellos,

21 para que todos sean uno. Como tú, oh Padre, *estás* en mí y yo en ti, que también ellos estén en nosotros, para que el mundo crea que tú me enviaste.

22 La gloria que me diste les he dado, para que sean uno, así como nosotros somos uno:

23 yo en ellos, y tú en mí, para que sean perfeccionados en unidad, para que el mundo sepa que tú me enviaste, y que los amaste tal como me has amado a mí.

24 Padre, quiero que los que me has dado, estén también conmigo donde yo estoy, para que vean mi gloria, la *gloria* que me has dado; porque me has amado desde antes de la fundación del mundo.

25 Oh Padre justo, aunque el mundo no te ha conocido, yo te he conocido, y éstos han conocido que tú me enviaste.

26 Yo les he dado a conocer tu nombre, y lo daré a conocer, para que el amor con que me amaste esté en ellos y yo en ellos.

Traición y arresto de Jesús

18 Después de haber dicho esto, Jesús salió con sus discípulos al otro lado del torrente Cedrón, donde había un huerto en el cual entró El con sus discípulos.

2 También Judas, el que le iba a entregar, conocía el lugar, porque Jesús se había reunido allí a menudo con sus discípulos.

3 Entonces Judas, tomando la cohorte

romana, y a *varios* alguaciles de los principales sacerdotes y de los fariseos, fue* allá con linternas, antorchas y armas.

4 Jesús, pues, sabiendo todo lo que le iba a sobrevenir, salió y les dijo*: ¿A quién buscáis?

5 Ellos le respondieron: A Jesús el Nazareno. El les dijo*: Yo soy. Y Judas, el que le entregaba, estaba con ellos.

6 Y cuando El les dijo: Yo soy, retrocedieron y cayeron a tierra.

7 Jesús entonces volvió a preguntarles: ¿A quién buscáis? Y ellos dijeron: A Jesús el Nazareno.

8 Respondió Jesús: Os he dicho que yo soy; por tanto, si me buscáis a mí, dejad ir a éstos;

9 para que se cumpliera la palabra que había dicho: De los que me diste, no perdí ninguno.

10 Entonces Simón Pedro, que tenía una espada, la sacó e hirió al siervo del sumo sacerdote, y le cortó la oreja derecha. El siervo se llamaba Malco.

11 Jesús entonces dijo a Pedro: Mete la espada en la vaina. La copa que el Padre me ha dado, ¿acaso no la he de beber?

Jesús acusado, abandonado y negado

12 Entonces la cohorte *romana,* el comandante y los alguaciles de los judíos prendieron a Jesús y le ataron,

13 y le llevaron primero ante Anás, porque

era suegro de Caifás, que era sumo sacerdote ese año.

14 Y Caifás era el que había aconsejado a los judíos que convenía que un hombre muriera por el pueblo.

15 Y Simón Pedro seguía a Jesús, y *también* otro discípulo. Este discípulo era conocido del sumo sacerdote, y entró con Jesús al patio del sumo sacerdote,

16 pero Pedro estaba fuera, a la puerta. Así que el otro discípulo, que era conocido del sumo sacerdote, salió y habló a la portera, e hizo entrar a Pedro.

17 Entonces la criada que cuidaba la puerta dijo* a Pedro: ¿No eres tú también *uno* de los discípulos de este hombre? *Y* él dijo*: No lo soy.

18 Y los siervos y los alguaciles estaban de pie calentándose *junto* a unas brasas que habían encendido porque hacía frío; y Pedro estaba también con ellos de pie y calentándose.

19 Entonces el sumo sacerdote interrogó a Jesús acerca de sus discípulos y de sus enseñanzas.

20 Jesús le respondió: Yo he hablado al mundo abiertamente; siempre enseñé en la sinagoga y en el templo, donde se reúnen todos los judíos, y nada he hablado en secreto.

21 ¿Por qué me preguntas a mí? Pregúntales a los que han oído lo que hablé; he aquí, éstos saben lo que he dicho.

22 Cuando dijo esto, uno de los alguaciles que estaba cerca, dio una bofetada a Jesús, diciendo: ¿Así respondes al sumo sacerdote?

23 Jesús le respondió: Si he hablado mal, da testimonio de lo que *he hablado* mal; pero si *hablé* bien, ¿por qué me pegas?

24 Anás entonces le envió atado a Caifás, el sumo sacerdote.

25 Simón Pedro estaba de pie, calentándose; entonces le dijeron: ¿No eres tú también *uno* de sus discípulos? El lo negó y dijo: No lo soy.

26 Uno de los siervos del sumo sacerdote, que era pariente de aquel a quien Pedro le había cortado la oreja, dijo*: ¿No te vi yo en el huerto con El?

27 Y Pedro *lo* negó otra vez, y al instante cantó un gallo.

Jesús testifica ante Pilato

28 Entonces llevaron* a Jesús *de casa* de Caifás al Pretorio. Era muy de mañana. Y ellos no entraron al Pretorio para no contaminarse y poder comer la Pascua.

29 Pilato entonces salió fuera hacia ellos y dijo*: ¿Qué acusación traéis contra este hombre?

30 Ellos respondieron, y le dijeron: Si este hombre no fuera malhechor, no te lo hubiéramos entregado.

31 Entonces Pilato les dijo: Llevadle vosotros, y juzgadle conforme a vuestra ley.

Los judíos le dijeron: A nosotros no nos es permitido dar muerte a nadie.

32 Para que se cumpliera la palabra que Jesús había hablado, dando a entender de qué clase de muerte iba a morir.

33 Entonces Pilato volvió a entrar al Pretorio, y llamó a Jesús y le dijo: ¿Eres tú el Rey de los judíos?

34 Jesús respondió: ¿Esto lo dices por tu cuenta, o *porque* otros te lo han dicho de mí?

35 Pilato respondió: ¿Acaso soy yo judío? Tu nación y los principales sacerdotes te entregaron a mí. ¿Qué has hecho?

36 Jesús respondió: Mi reino no es de este mundo. Si mi reino fuera de este mundo, entonces mis servidores pelearían para que yo no fuera entregado a los judíos; mas ahora mi reino no es de aquí.

37 Pilato entonces le dijo: ¿Así que tú eres rey? Jesús respondió: Tú dices que soy rey. Para esto yo he nacido y para esto he venido al mundo, para dar testimonio de la verdad. Todo el que es de la verdad escucha mi voz.

38 Pilato le preguntó*: ¿Qué es la verdad?

Y habiendo dicho esto, salió otra vez adonde *estaban* los judíos y les dijo*: Yo no encuentro ningún delito en El.

39 Pero es costumbre entre vosotros que os suelte a uno en la Pascua. ¿Queréis, pues, que os suelte al Rey de los judíos?

40 Entonces volvieron a gritar, diciendo: No a éste, sino a Barrabás. Y Barrabás era un ladrón.

dice la verdad, para que vosotros también creáis.

36 Porque esto sucedió para que se cumpliera la Escritura: NO SERA QUEBRADO HUESO SUYO.

37 Y también otra Escritura dice: MIRARAN AL QUE TRASPASARON.

38 Después de estas cosas, José de Arimatea, que era discípulo de Jesús, aunque en secreto por miedo a los judíos, pidió *permiso* a Pilato para llevarse el cuerpo de Jesús. Y Pilato concedió el permiso. Entonces él vino, y se llevó el cuerpo de Jesús.

39 Y Nicodemo, el que antes había venido a Jesús de noche, vino también, trayendo una mezcla de mirra y áloe como de cien libras.

40 Entonces tomaron el cuerpo de Jesús, y lo envolvieron en telas de lino con las especias aromáticas, como es costumbre sepultar entre los judíos.

41 En el lugar donde fue crucificado había un huerto, y en el huerto un sepulcro nuevo, en el cual todavía no habían sepultado a nadie.

42 Por tanto, por causa del día de la preparación de los judíos, como el sepulcro estaba cerca, pusieron allí a Jesús.

La tumba vacía

20 Y el primer *día* de la semana María Magdalena fue* temprano al sepulcro, cuando todavía estaba* oscuro, y vio* que *ya* la piedra había sido quitada del sepulcro.

2 Entonces corrió* y fue* a Simón Pedro y al otro discípulo a quien Jesús amaba, y les dijo*: Se han llevado al Señor del sepulcro, y no sabemos dónde le han puesto.

3 Salieron, pues, Pedro y el otro discípulo, e iban hacia el sepulcro.

4 Los dos corrían juntos, pero el otro discípulo corrió más aprisa que Pedro, y llegó primero al sepulcro;

5 e inclinándose para mirar *adentro*, vio* las envolturas de lino puestas *allí,* pero no entró.

6 Entonces llegó* también Simón Pedro tras él, entró al sepulcro, y vio* las envolturas de lino puestas *allí,*

7 y el sudario que había estado sobre la cabeza de Jesús, no puesto con las envolturas de lino, sino enrollado en un lugar aparte.

8 Entonces entró también el otro discípulo, el que había llegado primero al sepulcro, y vio y creyó.

9 Porque todavía no habían entendido la Escritura, que Jesús debía resucitar de entre los muertos.

10 Los discípulos entonces se fueron de nuevo a sus casas.

María Magdalena se encuentra con el Señor resucitado

11 Pero María estaba fuera, llorando junto

al sepulcro; y mientras lloraba, se inclinó y miró dentro del sepulcro;

12 y vio* dos ángeles vestidos de blanco, sentados donde había estado el cuerpo de Jesús, uno a la cabecera y otro a los pies.

13 Y ellos le dijeron*: Mujer, ¿por qué lloras? Ella les dijo*: Porque se han llevado a mi Señor, y no sé dónde le han puesto.

14 Al decir esto, se volvió y vio* a Jesús que estaba *allí,* pero no sabía que era Jesús.

15 Jesús le dijo*: Mujer, ¿por qué lloras? ¿A quién buscas? Ella, pensando que era el hortelano, le dijo*: Señor, si tú le has llevado, dime dónde le has puesto, y yo me lo llevaré.

16 Jesús le dijo*: ¡María! Ella, volviéndose, le dijo* en hebreo: ¡Raboní! (que quiere decir, Maestro).

17 Jesús le dijo*: Suéltame porque todavía no he subido al Padre; pero ve a mis hermanos, y diles: "Subo a mi Padre y a vuestro Padre, a mi Dios y a vuestro Dios."

18 Fue* María Magdalena y anunció a los discípulos: ¡He visto al Señor!, y que El le había dicho estas cosas.

Jesús se aparece dos veces a sus discípulos y les muestra sus heridas

19 Entonces, al atardecer de aquel día, el primero de la semana, y estando cerradas las puertas *del lugar* donde los discípulos se encontraban por miedo a los judíos, Jesús

vino y se puso en medio de ellos, y les dijo*:
Paz a vosotros.

20 Y diciendo esto, les mostró las manos y
el costado. Entonces los discípulos se
regocijaron al ver al Señor.

21 Jesús entonces les dijo otra vez: Paz a
vosotros; como el Padre me ha enviado, *así*
también yo os envío.

22 Después de decir esto, sopló sobre *ellos*
y les dijo*: Recibid el Espíritu Santo.

23 A quienes perdonéis los pecados, *éstos*
les son perdonados; a quienes retengáis los
pecados, éstos les son retenidos.

24 Tomás, uno de los doce, llamado el
Dídimo, no estaba con ellos cuando Jesús
vino.

25 Entonces los otros discípulos le decían:
¡Hemos visto al Señor! Pero él les dijo: Si no
veo en sus manos la señal de los clavos, y
meto el dedo en el lugar de los clavos, y
pongo la mano en su costado, no creeré.

26 Ocho días después, sus discípulos
estaban otra vez dentro, y Tomás con ellos.
Y estando las puertas cerradas, Jesús vino* y
se puso en medio de ellos, y dijo: Paz a
vosotros.

27 Luego dijo* a Tomás: Acerca aquí tu
dedo, y mira mis manos; extiende aquí tu
mano y métela en mi costado; y no seas
incrédulo, sino creyente.

28 Respondió Tomás y le dijo: ¡Señor mío
y Dios mío!

29 Jesús le dijo*: ¿Porque me has visto has

creído? Dichosos los que no vieron, y *sin embargo* creyeron.

¿Por qué fue escrito el evangelio de Juan?

30 Y muchas otras señales hizo también Jesús en presencia de sus discípulos, que no están escritas en este libro;

31 pero éstas se han escrito para que creáis que Jesús es el Cristo, el Hijo de Dios; y para que al creer, tengáis vida en su nombre.

Pescando a la manera del hombre

21 Después de esto, Jesús se manifestó otra vez a los discípulos junto al mar de Tiberias, y se manifestó de esta manera:

2 Estaban juntos Simón Pedro, Tomás llamado el Dídimo, Natanael de Caná de Galilea, los *hijos* de Zebedeo y otros dos de sus discípulos.

3 Simón Pedro les dijo*: Me voy a pescar. Ellos le dijeron*: Nosotros también vamos contigo. Fueron y entraron en la barca, y aquella noche no pescaron nada.

Pescando a la manera de Cristo

4 Cuando ya amanecía, Jesús estaba en la playa; pero los discípulos no sabían que era Jesús.

5 Entonces Jesús les dijo*: Hijos, ¿acaso tenéis algún pescado? Le respondieron: No.

6 Y El les dijo: Echad la red al lado

derecho de la barca y hallaréis *pesca*.
Entonces la echaron, y no podían sacarla por
la gran cantidad de peces.

7 Entonces aquel discípulo a quien Jesús
amaba, dijo* a Pedro: ¡Es el Señor! Oyendo,
pues, Simón Pedro que era el Señor, se ciñó
la ropa (porque se la había quitado *para
poder trabajar*), y se echó al mar.

8 Pero los otros discípulos vinieron en la
barca, porque no estaban lejos de tierra, sino
a unos cien metros, arrastrando la red *llena*
de peces.

9 Entonces, cuando bajaron a tierra,
vieron* brasas *ya* puestas y un pescado
colocado sobre ellas, y pan.

10 Jesús les dijo*: Traed algunos de los
peces que habéis pescado ahora.

11 Simón Pedro subió *a la barca,* y sacó la
red a tierra, llena de peces grandes, ciento
cincuenta y tres; y aunque había tantos, la
red no se rompió.

12 Jesús les dijo*: Venid *y* desayunad.
Ninguno de los discípulos se atrevió a
preguntarle: ¿Quién eres tú?, sabiendo que
era el Señor.

13 Jesús vino*, tomó* el pan y se lo dio*; y
lo mismo *hizo con* el pescado.

14 Esta fue la tercera vez que Jesús se
manifestó a los discípulos, después de haber
resucitado de entre los muertos.

Jesús restituye a Pedro

15 Entonces, cuando habían acabado de

desayunar, Jesús dijo* a Simón Pedro: Simón, *hijo* de Juan, ¿me amas más que éstos? *Pedro* le dijo*: Sí, Señor, tú sabes que te quiero. *Jesús* le dijo*: Apacienta mis corderos.

16 Y volvió a decirle por segunda vez: Simón, *hijo* de Juan, ¿me amas? *Pedro* le dijo*: Sí, Señor, tú sabes que te quiero. *Jesús* le dijo*: Pastorea mis ovejas.

17 Le dijo* por tercera vez: Simón, *hijo* de Juan, ¿me quieres? Pedro se entristeció porque la tercera vez le dijo: ¿Me quieres? Y le respondió: Señor, tú lo sabes todo; tú sabes que te quiero. Jesús le dijo*: Apacienta mis ovejas.

18 En verdad, en verdad te digo: cuando eras más joven te vestías y andabas por donde querías; pero cuando seas viejo extenderás las manos y otro te vestirá, y te llevará adonde no quieras.

19 Esto dijo, dando a entender la clase de muerte con que *Pedro* glorificaría a Dios. Y habiendo dicho esto, le dijo*: Sígueme.

Lo importante es seguir a Jesús

20 Pedro, volviéndose, vio* que *les* seguía el discípulo a quien Jesús amaba, el que en la cena se había recostado sobre el pecho *de Jesús* y había dicho: Señor, ¿quién es el que te va a entregar?

21 Entonces Pedro, al verlo, dijo* a Jesús: Señor, ¿y éste, qué?

22 Jesús le dijo*: Si yo quiero que él se

quede hasta que yo venga, ¿a ti, qué? Tú, sígueme.

23 Por eso el dicho se propagó entre los hermanos que aquel discípulo no moriría; pero Jesús no le dijo que no moriría, sino: Si yo quiero que se quede hasta que yo venga, ¿a ti, qué?

24 Este es el discípulo que da testimonio de estas cosas y el que escribió esto, y sabemos que su testimonio es verdadero.

25 Y hay también muchas otras cosas que Jesús hizo, que si se escribieran* en detalle, pienso que ni aun el mundo mismo podría* contener los libros que se escribirían*.